दास्ताँ

कविता, शायरी और चिंतन

श्रीराज मेनन

क्रम-सूची

क्रम-सूची

क्रम-सूची

क्रम-सूची

क्रम-सूची

भूमिका

पुस्तक में लेखक द्वारा लिखित हिंदी कविताएँ और शायरी शामिल हैं। इसमें कविताएं, शायरी और प्रेरणादायक उद्धरण शामिल हैं।

इस पुस्तक में लेखक द्वारा लिखी गई कुछ कविताएँ और शायरियाँ हैं जो प्रेम, प्रकृति और जीवन के सामान्य दैनिक पहलुओं पर आधारित हैं। कुछ प्रेरक प्रसंग भी हैं। प्यार में पाया गया प्यार, खोया हुआ प्यार और फिर से जगा हुआ प्यार शामिल है। इसी तरह, प्रकृति में प्रकृति का महत्व है और लोग बिना किसी दुष्प्रभाव के प्रकृति का अपने फायदे के लिए दुरुपयोग करते हैं। सामान्य में जीवन के सामान्य पहलू होते हैं जो लोगों और परिवेश के साथ चलते हैं।

पावती (स्वीकृति)

मैं अपने उन दोस्तों को धन्यवाद देना चाहता हूं जिन्होंने मुझे कविताएं और शायरी लिखने के लिए प्रेरित किया, जिसे मैं कहता था और भूल जाता था। मैं Your Quote प्लेटफॉर्म और उसके सभी सदस्यों और समूहों को भी धन्यवाद देना चाहता हूं जिन्होंने मुझे अनुमति दी और मुझे इसके मंच पर अपनी सामग्री लिखने के लिए प्रेरित किया। मैं नोशन प्रेस और उसके सभी सदस्यों को भी धन्यवाद देना चाहता हूं जिन्होंने मुझे अपनी सामग्री को अपने मंच और समय-समय पर मार्गदर्शन के माध्यम से प्रकाशित करने की अनुमति दी, जो उन्होंने मुझे मेरी त्रुटियों को ठीक करने के लिए दिया।

1. आज दुल्हन सी तू

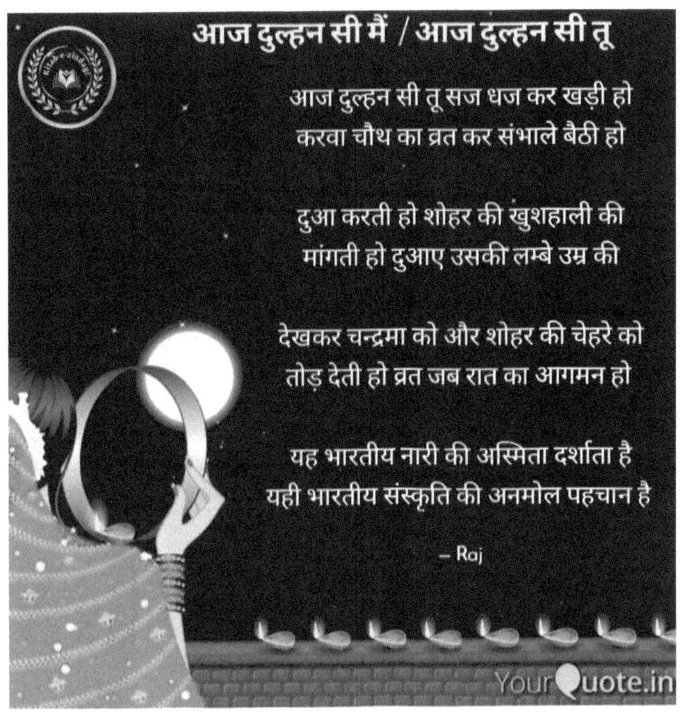

आज दुल्हन सी मैं / आज दुल्हन सी तू

आज दुल्हन सी तू सज धज कर खड़ी हो
करवा चौथ का व्रत कर संभाले बैठी हो

दुआ करती हो शोहर की खुशहाली की
मांगती हो दुआए उसकी लम्बे उम्र की

देखकर चन्द्रमा को और शोहर की चेहरे को
तोड़ देती हो व्रत जब रात का आगमन हो

यह भारतीय नारी की अस्मिता दर्शाता है
यही भारतीय संस्कृति की अनमोल पहचान है

– Raj

2. आज फिर वो रात

आज फिर वो रात आई है

आज फिर वो रात आई है
ये चाँदनी वो सितारे लाई है

देखकर तुझे सुकून छाई है
मन मिलन को तरस गई है

— Raj

3. आँसू

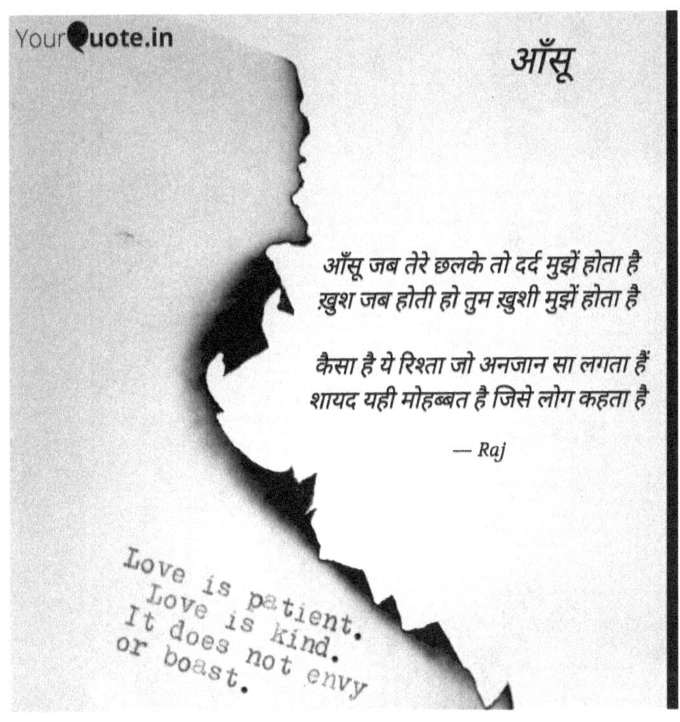

YourQuote.in

आँसू

आँसू जब तेरे छलके तो दर्द मुझें होता है
ख़ुश जब होती हो तुम ख़ुशी मुझें होता है

कैसा है ये रिश्ता जो अनजान सा लगता हैं
शायद यही मोहब्बत है जिसे लोग कहता है

— Raj

Love is patient.
Love is kind.
It does not envy
or boast.

4. यादें तुम्हारी

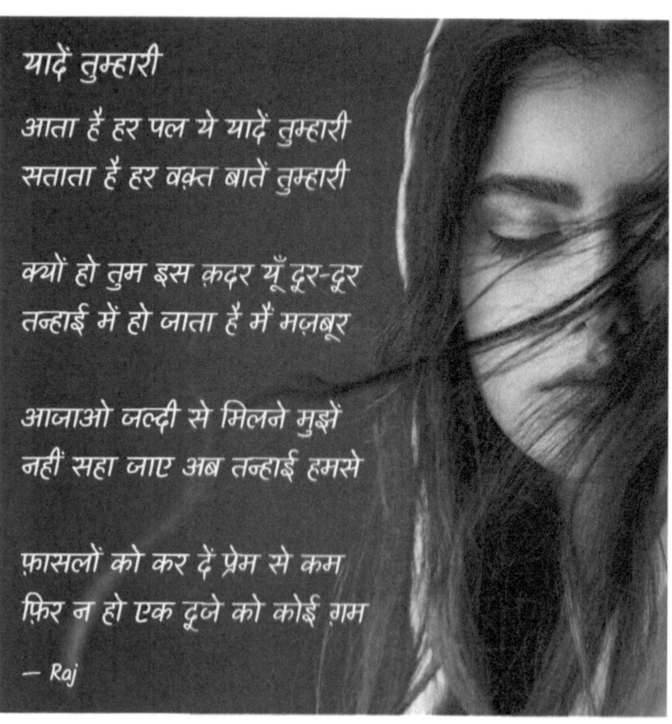

यादें तुम्हारी

आता है हर पल ये यादें तुम्हारी
सताता है हर वक़्त बातें तुम्हारी

क्यों हो तुम इस क़दर यूँ दूर-दूर
तन्हाई में हो जाता है मैं मज़बूर

आजाओ जल्दी से मिलने मुझें
नहीं सहा जाए अब तन्हाई हमसे

फ़ासलों को कर दें प्रेम से कम
फिर न हो एक दूजे को कोई ग़म

— Raj

5. किसने बचाया आत्मा को

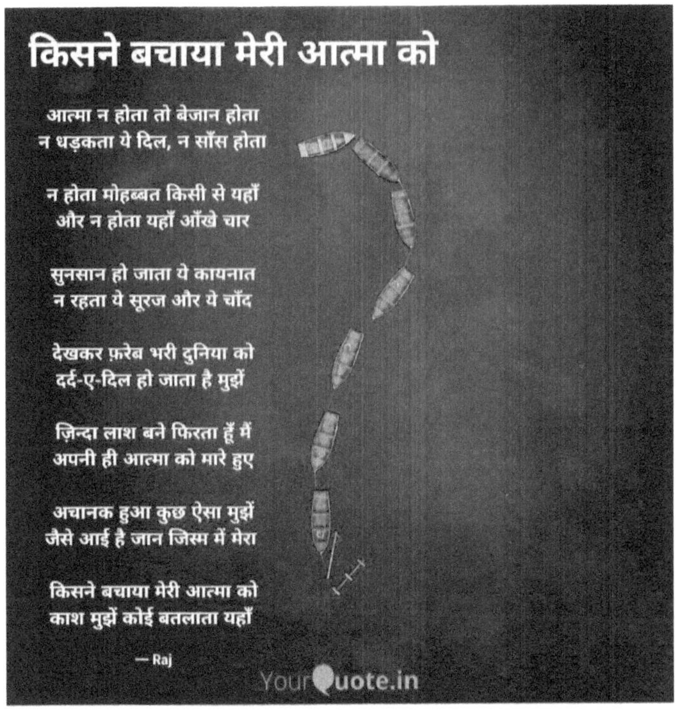

6. बसेरा

बसेरा
आज़ाद पंछी हूँ मैं जहाँ रुका वहाँ है बसेरा मेरा
जिस डाली पर जा कर बैठा वो ही डाली है मेरा

चाहे उड़ू मैं दूर गगन में चाहे बैठूं जिस डाली पर
यह धरती, चाँद और ये कायनात सब कुछ है मेरा

— Raj

7. अफ़साना यादों का

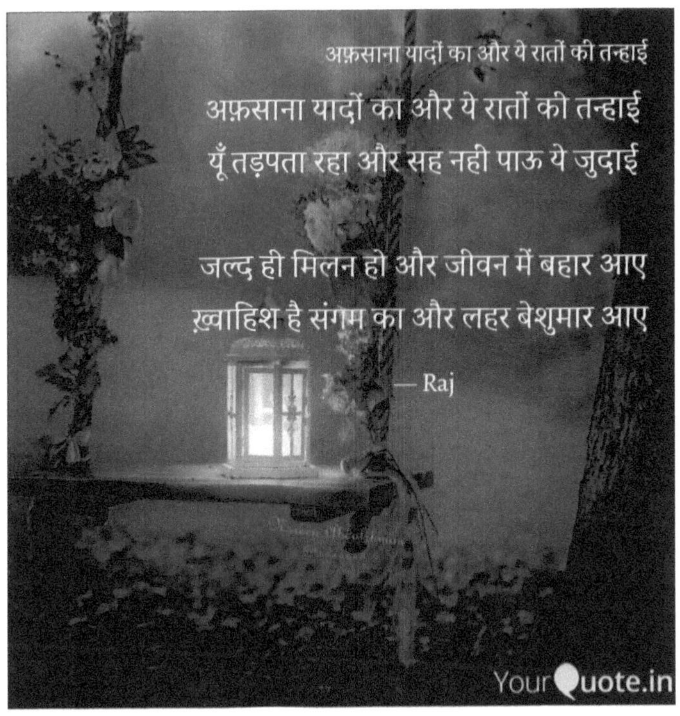

अफ़साना यादों का और ये रातों की तन्हाई

अफ़साना यादों का और ये रातों की तन्हाई
यूँ तड़पता रहा और सह नही पाऊ ये जुदाई

जल्द ही मिलन हो और जीवन में बहार आए
ख़्वाहिश है संगम का और लहर बेशुमार आए

— Raj

Your Quote.in

8. ऐसे ही गुज़ार ली

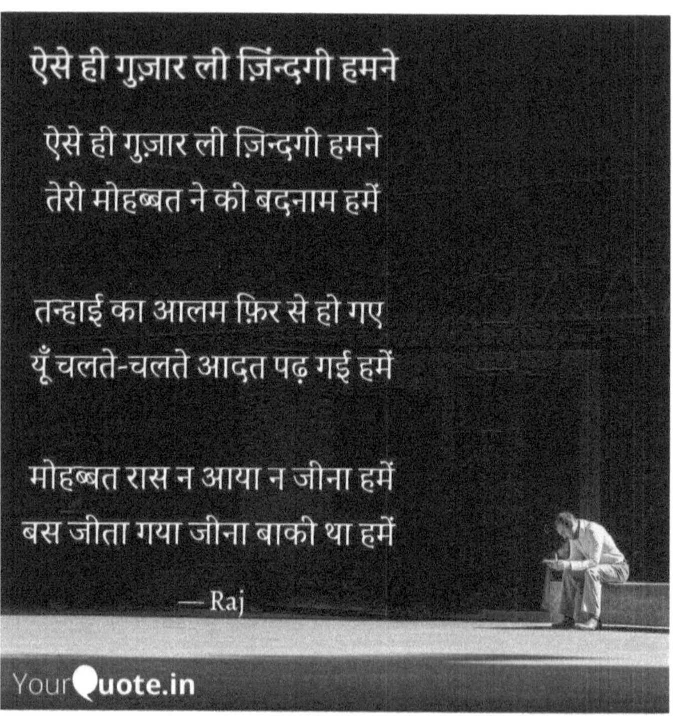

ऐसे ही गुज़ार ली ज़िन्दगी हमने

ऐसे ही गुज़ार ली ज़िन्दगी हमने
तेरी मोहब्बत ने की बदनाम हमें

तन्हाई का आलम फ़िर से हो गए
यूँ चलते-चलते आदत पढ़ गई हमें

मोहब्बत रास न आया न जीना हमें
बस जीता गया जीना बाकी था हमें

— Raj

9. ऐसे न मुंह मोड़ो

ऐसे ना मुंह मोड़ो

ऐसे ना मुंह मोड़ो
रूठ कर ना जाओ
यूँ अकेला छोड़कर
तन्हाई में ना धकेलो

इश्क़ है मुझें तुमसे
इस बात को जानो
इस दुनिया में मेरा
तुम ही साथ मानो

रह गया जो अकेला
नही जी पाउँगा यारों
एक तू है मेरा जीवन
जीने का सहारा जानो

— Raj

10. कल तक तुम

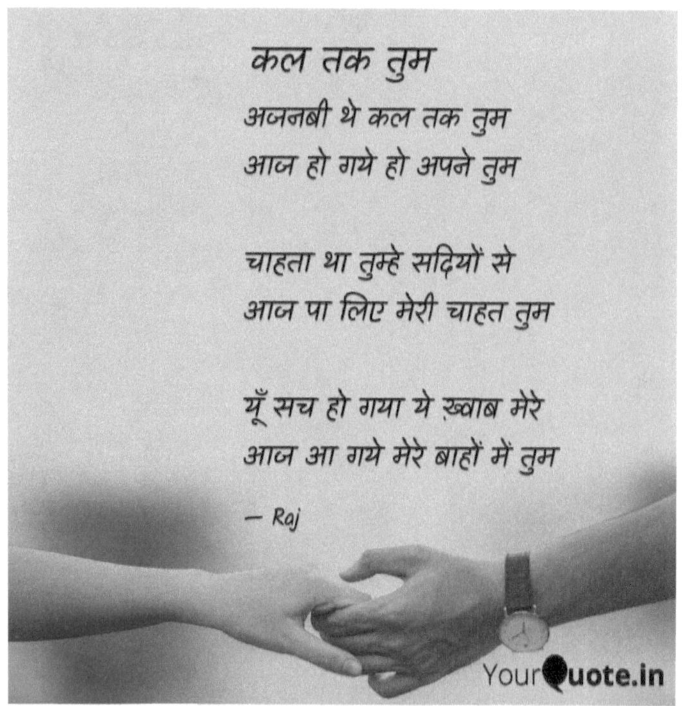

कल तक तुम
अजनबी थे कल तक तुम
आज हो गये हो अपने तुम

चाहता था तुम्हे सदियों से
आज पा लिए मेरी चाहत तुम

यूँ सच हो गया ये ख़्वाब मेरे
आज आ गये मेरे बाहों में तुम

— Raj

11. अकेलेपन की दुनिया

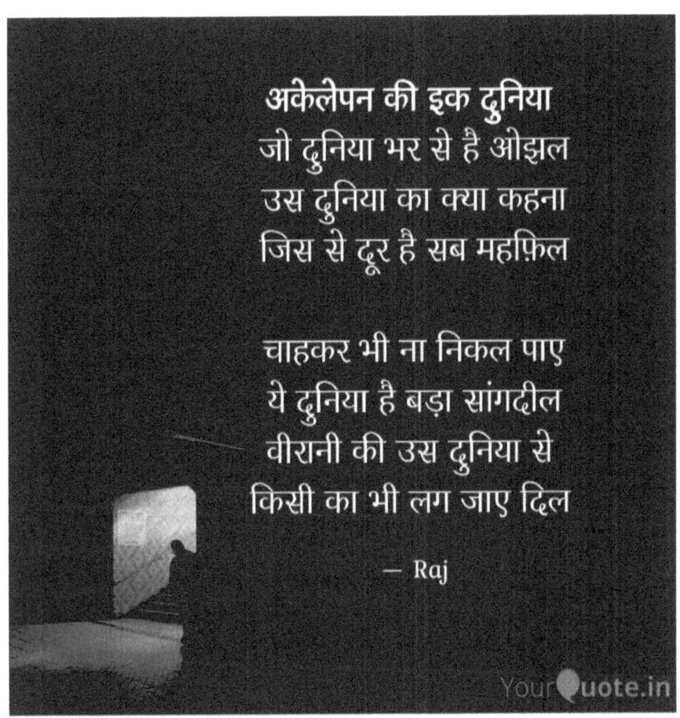

12. आँखों में जो कशिश

अर्ज़ कुछ यूँ किया है ज़रा गौर फरमाइयेगा

इन आँखों में जो कशिश है तेरी
इस दिल को यूँ घायल करता है
इस होठों पर जो लगी है लाली तेरी
जो कहीं चुम्बन को उकसाता है
ऐसे में क्या कर सकता है कोई
सिर्फ उल्फ़त-ए-इश्क़ में खो जाए

— Raj

13. कहाँ छेड़ गए हो

अर्ज़ कुछ यूँ किया है ज़रा गौर फरमाइयेगा

कहाँ छेड़ गए हो दिल की तार तुम
संगीत का बनना अभी बाकी है

तन्हा सा इस ज़िन्दगी में मेरे सनम
हमराही का आना अभी बाकी है

— Raj

14. महकता रहे आँगन

15. उम्र चाहे कुछ भी हो

16. यादें मिटाने से नहीं

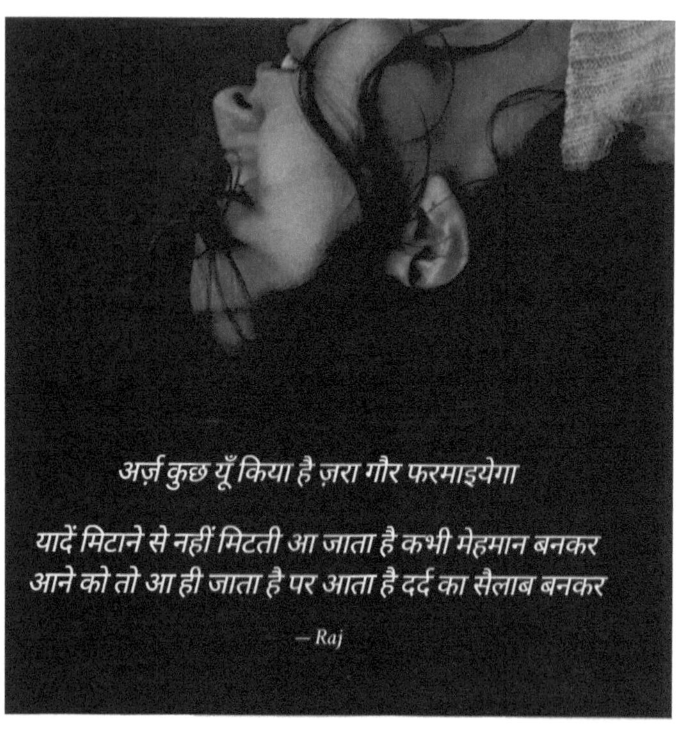

अर्ज़ कुछ यूँ किया है ज़रा गौर फरमाइयेगा

यादें मिटाने से नहीं मिटती आ जाता है कभी मेहमान बनकर
आने को तो आ ही जाता है पर आता है दर्द का सैलाब बनकर

— Raj

17. काफ़ी पुरानी बात है

काफ़ी पुरानी बात है

बड़ी सुहानी सी रात है
ये काफ़ी पुरानी बात है
जब मिले दो नयन थे
दिल की वो मुलाक़ात थे

यादों में चाँदनी रात थे
वो हँसीन दिलकश बात थे
सितारों भरी वो शाम थे
यूँ साथ जब हम साथ थे

— Raj

18. बस एक ही ख़्वाइश

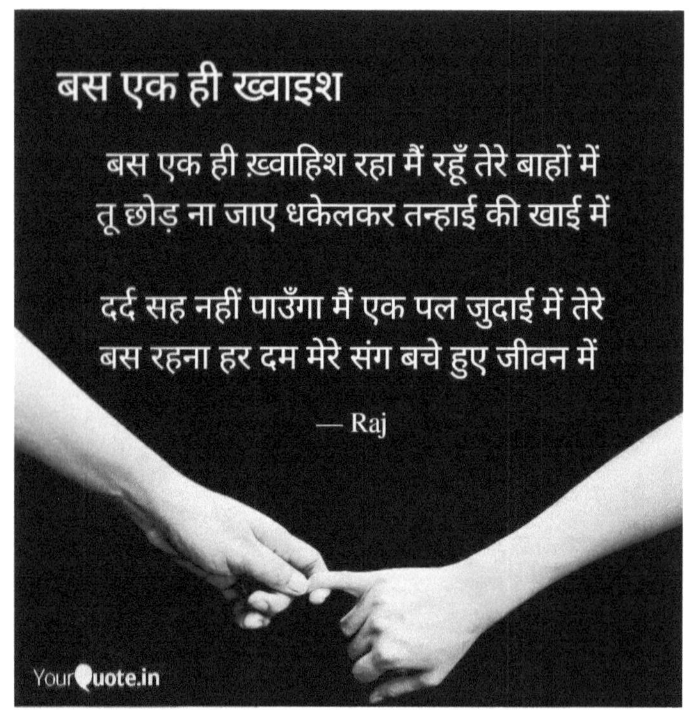

19. अगर इश्क़ है तो

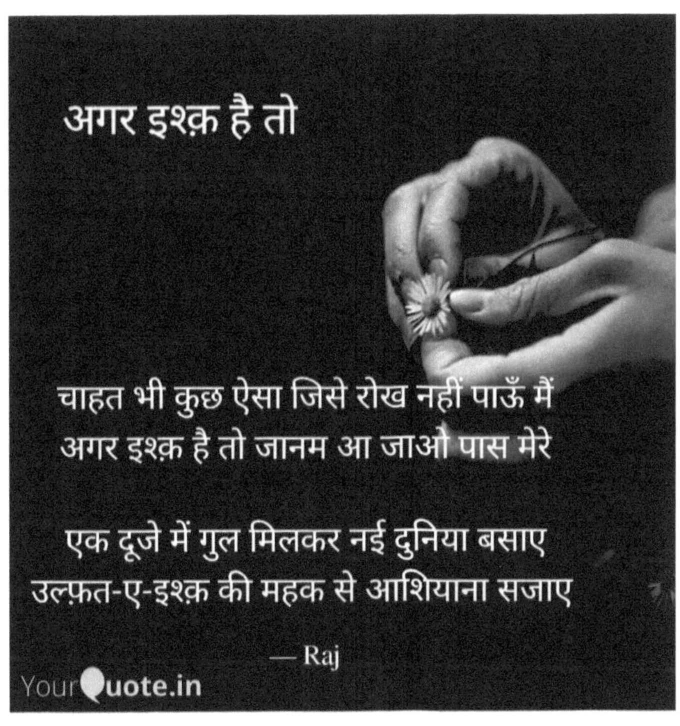

अगर इश्क़ है तो

चाहत भी कुछ ऐसा जिसे रोख नहीं पाऊँ मैं
अगर इश्क़ है तो जानम आ जाओ पास मेरे

एक दूजे में गुल मिलकर नई दुनिया बसाए
उल्फ़त-ए-इश्क़ की महक से आशियाना सजाए

— Raj

YourQuote.in

20. छोटी-छोटी बातें

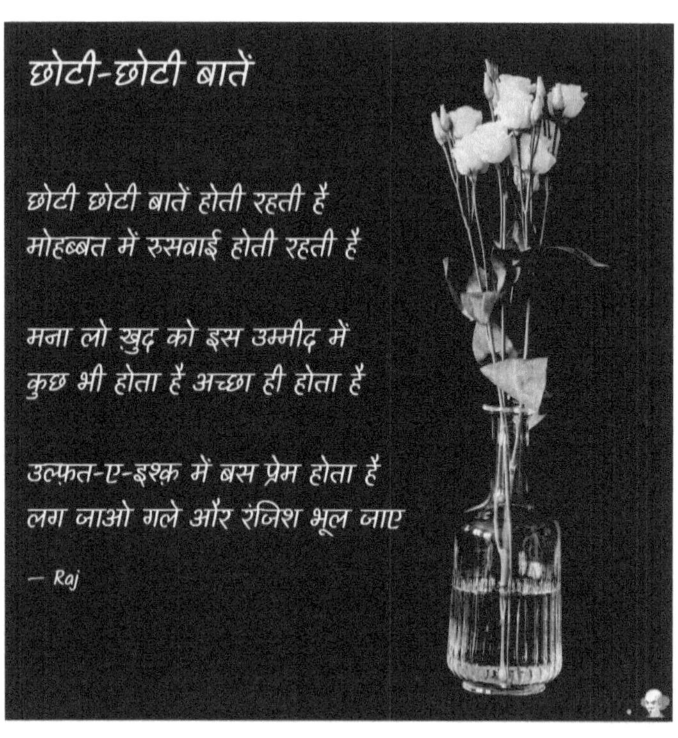

छोटी-छोटी बातें

छोटी छोटी बातें होती रहती है
मोहब्बत में रुसवाई होती रहती है

मना लो खुद को इस उम्मीद में
कुछ भी होता है अच्छा ही होता है

उल्फ़त-ए-इश्क़ में बस प्रेम होता है
लग जाओ गले और रंजिश भूल जाए

— Raj

21. चिलम यादों की सुलगती

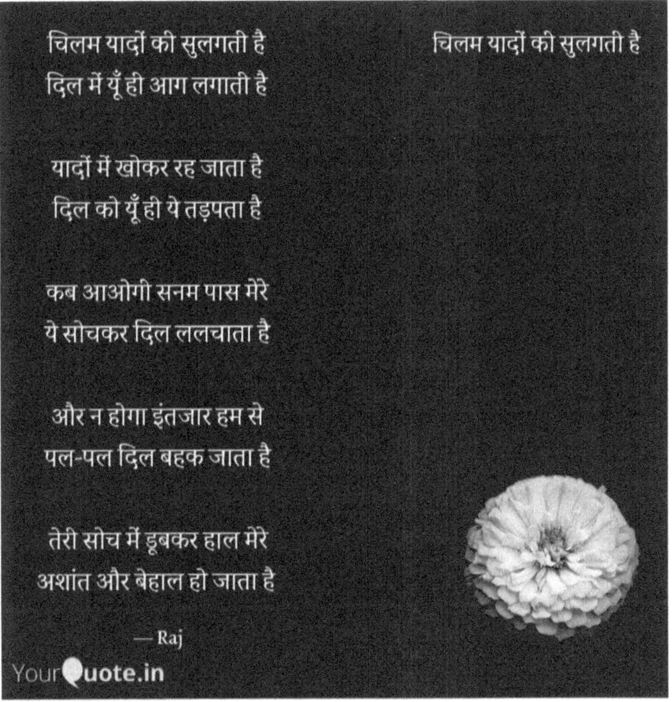

22. धुंध से भरी मौसम

धुंध से भरी मौसम और झील का किनारा
राह देख रहा हूँ बस करना है यहाँ बसेरा

यूँ साथ अगर हो तेरा हर पल इस जन्म में
जन्नत सा लगे ये माहौल और जग़ सारा

— Raj

— എഴുത്താണി

23. तरस गए है

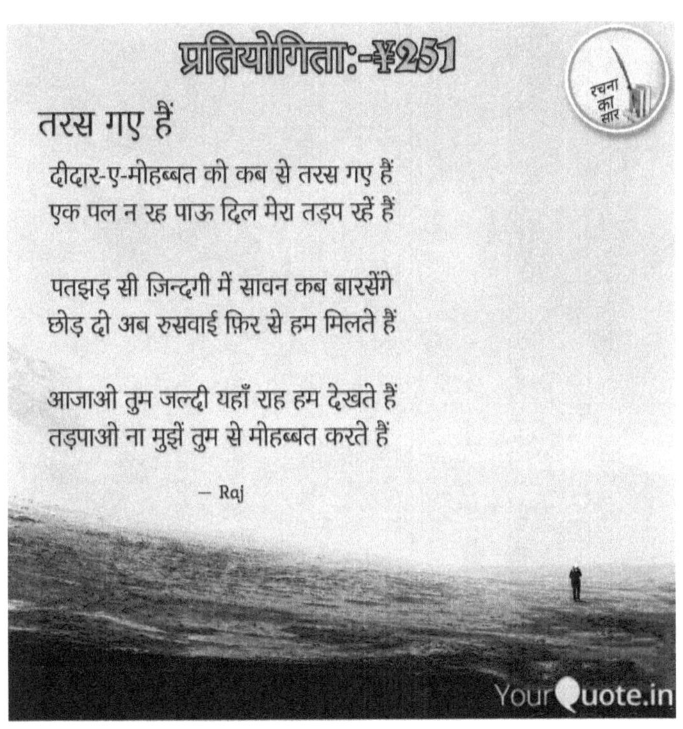

प्रतियोगिता:-₹251
तरस गए हैं

दीदार-ए-मोहब्बत की कब से तरस गए हैं
एक पल न रह पाऊ दिल मेरा तड़प रहें हैं

पतझड़ सी ज़िन्दगी में सावन कब बारसेंगे
छोड़ दी अब रुसवाई फ़िर से हम मिलते हैं

आजाओ तुम जल्दी यहाँ राह हम देखते हैं
तड़पाओ ना मुझें तुम से मोहब्बत करते हैं

— Raj

रचना
का
सार

Your Quote.in

24. रब्त - सम्बन्ध

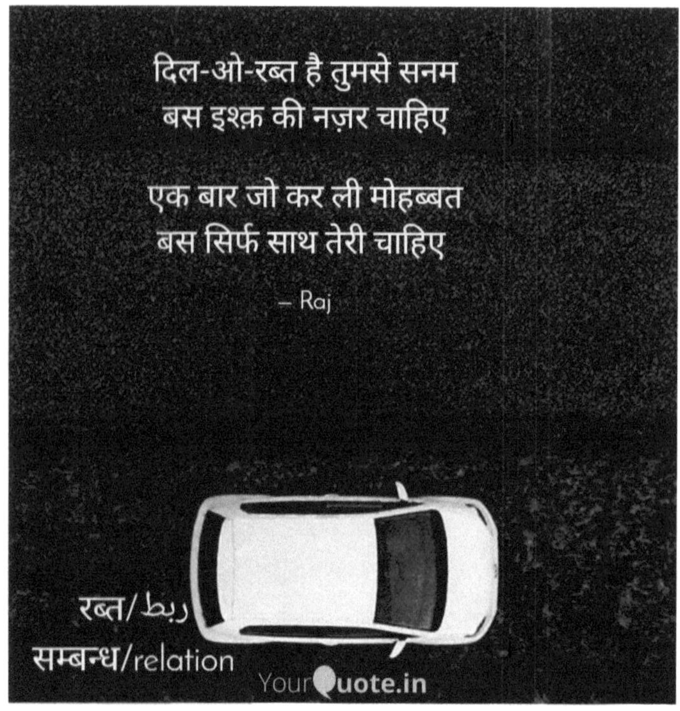

दिल-ओ-रब्त है तुमसे सनम
बस इश्क़ की नज़र चाहिए

एक बार जो कर ली मोहब्बत
बस सिर्फ साथ तेरी चाहिए

— Raj

रब्त/ربط
सम्बन्ध/relation
YourQuote.in

25. दुःख बहुत है

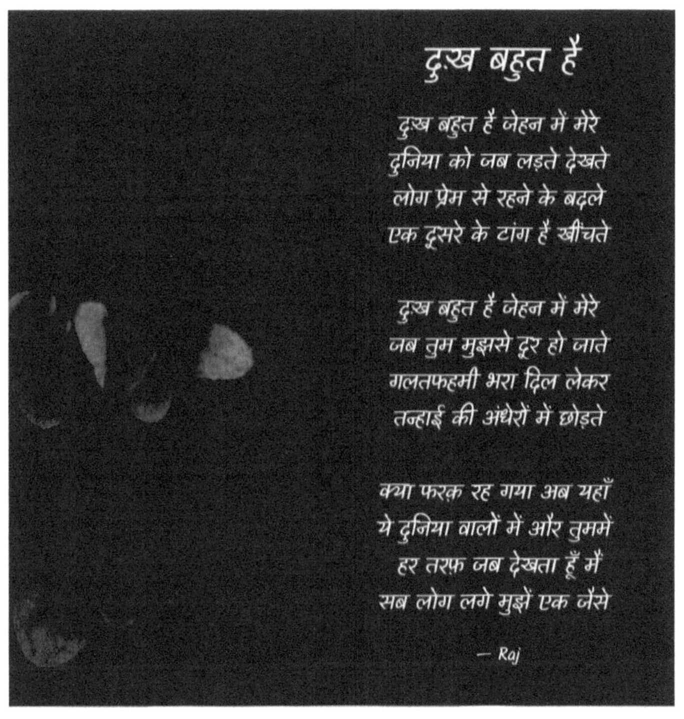

दुःख बहुत है

दुःख बहुत है ज़ेहन में मेरे
दुनिया को जब लड़ते देखते
लोग प्रेम से रहने के बदले
एक दूसरे के टांग है खींचते

दुःख बहुत है ज़ेहन में मेरे
जब तुम मुझसे दूर हो जाते
गलतफहमी भरा दिल लेकर
तन्हाई की अंधेरों में छोड़ते

क्या फ़र्क़ रह गया अब यहाँ
ये दुनिया वालों में और तुममें
हर तरफ़ जब देखता हूँ मैं
सब लोग लगे मुझें एक जैसे

— Raj

26. बेरोजगारी (चिंतन)

बेरोज़गारी (चिंतन)

इस दुनिया में सब से बड़ा अगर कोई समस्या है तो वो और कुछ नही वो है बेरोज़गारी। पता नही सरकार हो या व्यवसायी कैसे इस मसले का हल ढूंढ निकालेंगे। पहले क्या कम बेरोज़गार थे। अब देखो कोरोना महामारी ने जिनके रोज़गार थे वो भी छीन लिए। कैसे होगा इस धरती के इंसानो का उद्धार। बढ़ते हालात और महंगाई से तो लोगो का जीना मुश्किल कर दिया। ऐसे में अगर रोज़गार न हो तो कैसे जिए। अगर कोई ख़ुद का व्यवसाय करना चाहे तब भी बहुत सा रक्म लगता है। बैंक से व्याज पर व्यवसाय क़र्ज़ उठा भी लिया तो उसका भुगतान कैसे करें। एक वक़्त की रोटी के लिए लोग तड़पते है और यहाँ रोज़गार गायब है।

दुनिया की इस वायरस का जब तक मरहम नही निकलेगा तब तक तो ये बीमारी यूँ ही बढ़ती जाएगी। ये एक बड़ा चिंता का विषय है। सरकार की भी और आम जनता की भी।

— Raj

27. दूध माँगोगे तो खीर देंगे

दूध माँगोगे तो हम खीर देंगे
खून माँगोगे तो हम चीर देंगे
इश्क़ माँगोगे तो हम जान देंगे
नफ़रत माँगोगे तो हम जान लेंगे

यह प्रेम की दुनिया है प्रेम देंगे
नफ़रत को कायम से मिटा देंगे
दिल की बात को सुन लो प्यारे
इश्क़ करो और बन जाओ न्यारे

— Raj

YourQuote.in

28. एहसास गणित के सूत्र

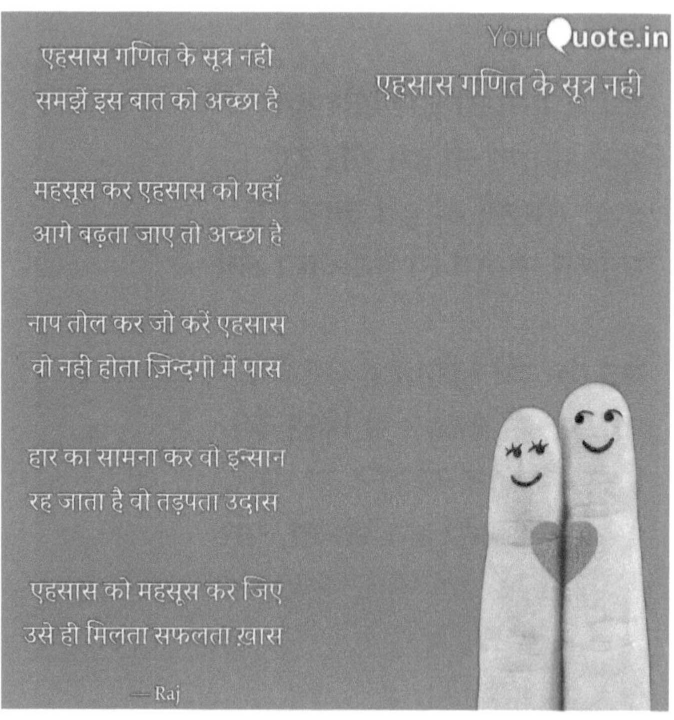

29. एक सितारा मेरा भी था

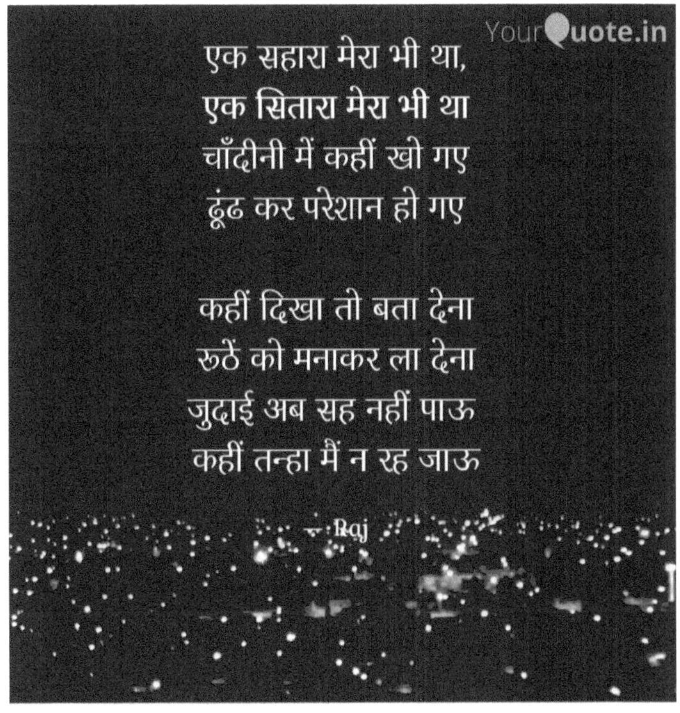

30. गिला शिकवा

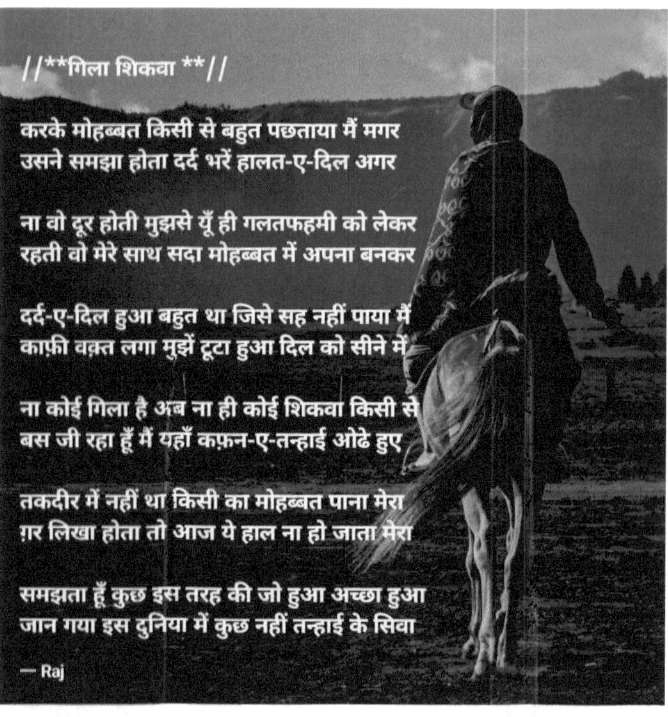

//**गिला शिकवा **//

करके मोहब्बत किसी से बहुत पछताया मैं मगर
उसने समझा होता दर्द भरें हालत-ए-दिल अगर

ना वो दूर होती मुझसे यूँ ही गलतफहमी को लेकर
रहती वो मेरे साथ सदा मोहब्बत में अपना बनकर

दर्द-ए-दिल हुआ बहुत था जिसे सह नहीं पाया मैं
काफ़ी वक़्त लगा मुझें टूटा हुआ दिल को सीने में

ना कोई गिला है अब ना ही कोई शिकवा किसी से
बस जी रहा हूँ मैं यहाँ कफन-ए-तन्हाई ओढे हुए

तकदीर में नहीं था किसी का मोहब्बत पाना मेरा
ग़र लिखा होता तो आज ये हाल ना हो जाता मेरा

समझता हूँ कुछ इस तरह की जो हुआ अच्छा हुआ
जान गया इस दुनिया में कुछ नहीं तन्हाई के सिवा

— Raj

31. गलती से भी इश्क़

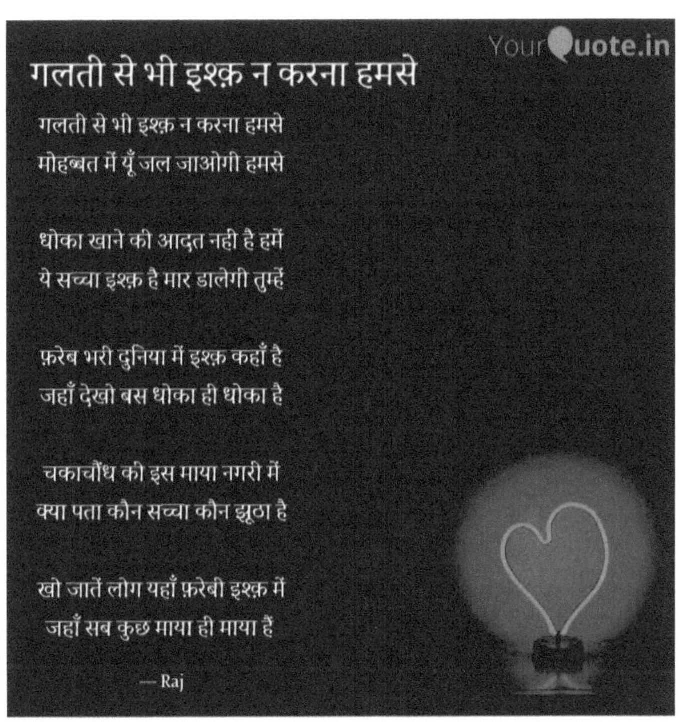

गलती से भी इश्क़ न करना हमसे
गलती से भी इश्क़ न करना हमसे
मोहब्बत में यूँ जल जाओगी हमसे

धोका खाने की आदत नही है हमें
ये सच्चा इश्क़ है मार डालेगी तुम्हें

फ़रेब भरी दुनिया में इश्क़ कहाँ है
जहाँ देखो बस धोका ही धोका है

चकाचौंध की इस माया नगरी में
क्या पता कौन सच्चा कौन झूठा है

खो जातें लोग यहाँ फ़रेबी इश्क़ में
जहाँ सब कुछ माया ही माया है

— Raj

32. गुमनाम

गुमनाम-ओ-ज़िन्दगी में अक्सर तन्हाई रहती है
रह-रह कर यूँ तो कायनात से दूर हो जाते है

अलग़ रहकर भी लोगो ने सताया बहुत मुझें
अगर संग होता तो मेरा ये क्या हाल हो जाते

रहकर दुनिया से दूर सीख लिया ज़माने को मैं
अब लगता है दूर होकर बहुत अच्छा किया मैं

— Raj

गुमनाम/گمنام
unknown of fame

33. हर चीज़ से प्यार

हम आपकी हर चीज़ से प्यार कर लेंगे

हम दुनिया की हर चीज़ को छोड़ देंगे
हम आपकी हर चीज़ से प्यार कर लेंगे

एक मौका दो तुमसे मोहब्बत कर लेंगे
यूँ छोड़कर ना जाओ मुझें इस ज़माने में

— Raj

34. लोग गलत समझते है

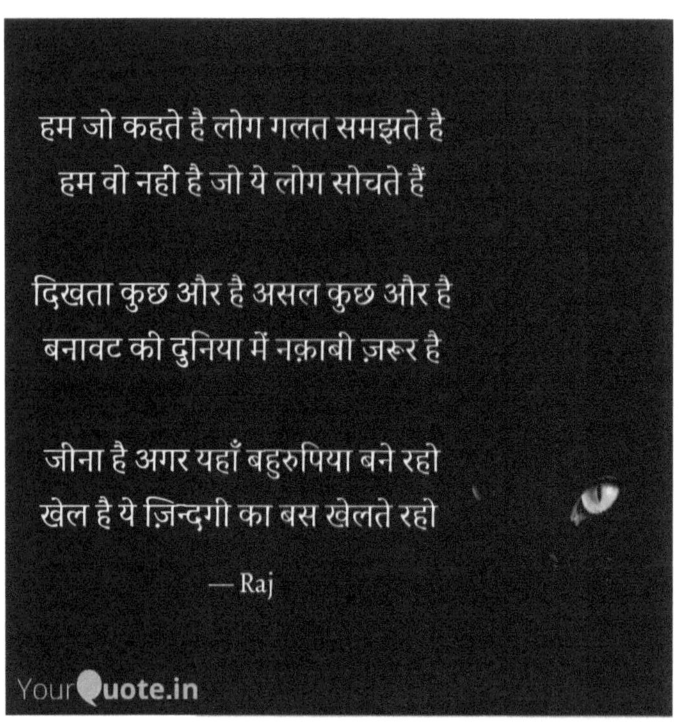

35. वक़्त नहीं उनके पास

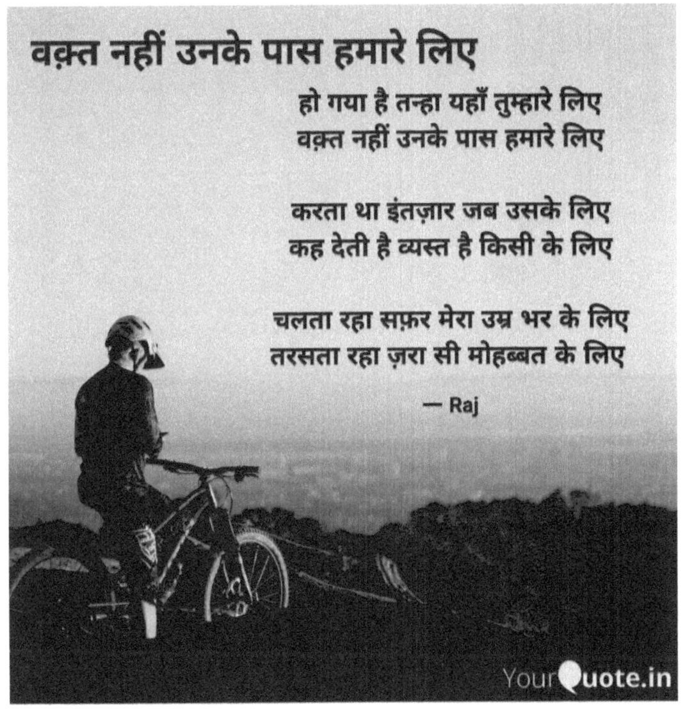

36. उतार-चढ़ाव

जीवन में उतार-चढ़ाव

होता है जीवन में उतार-चढ़ाव
यह जिंदगी जीने का नियम है
होता है राहों में भी उतार-चढ़ाव
यह निसर्ग का अद्भुत प्रमाण है

दुःख और सुख होता ही रहेगा
हर खिला हुआ फूल मुरझाएगा
हर रात को अगर हो घना अंधेरा
सुबह की सूरज लता है नया सवेरा

— Raj

37. मिलन और जुदाई

आज का विषय:
मिलन/जुदाई (श्रृंगार रस आधारित)

जब मिले थे हम तुम यहाँ
कितना खूबसूरत था समा
नाच उठती थी तेरा ये मन
लगाकर मेरे इस तन-बदन

श्रृंगार तेरी तीखी सी नज़र
कर देता दिल मेरा घायल
फ़िर होता जब ये जुदाई
रो पड़ता ये दिल पाई-पाई

तरसते रहते फ़िर मिलन को
साजन बिन न लगे जीने को
मन करता एक नज़र पाने को
यूँ तड़पता रह जाता इश्क़ को

— Raj

38. जब सच सामने आया

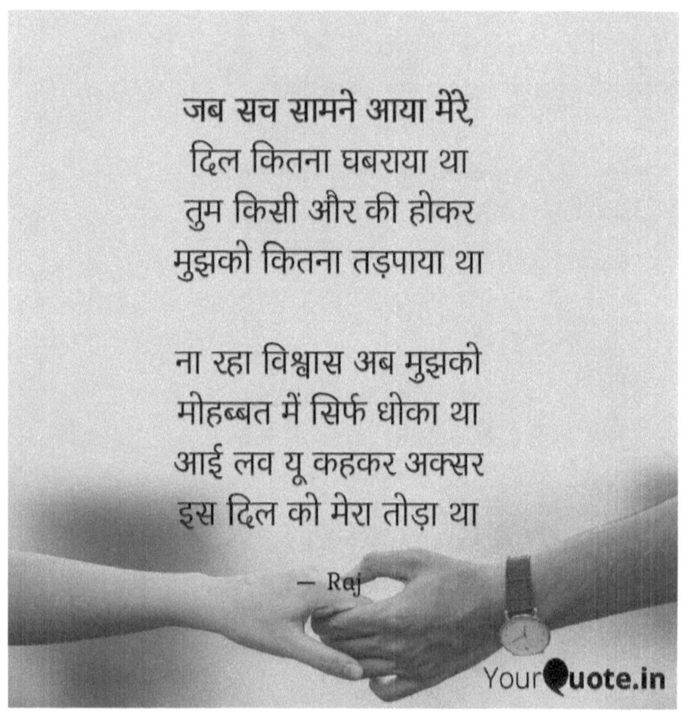

39. ज़िंदगी इतनी आसान भी नही

ज़िंदगी इतनी आसान भी नही
जीना इतनी मुश्किल भी नही
इन्सान चाहे कुछ भी करें यहाँ
मुस्तक़बिल उसका कम भी नहीं

– Raj

40. तन्हाइयों से वाकिफ़

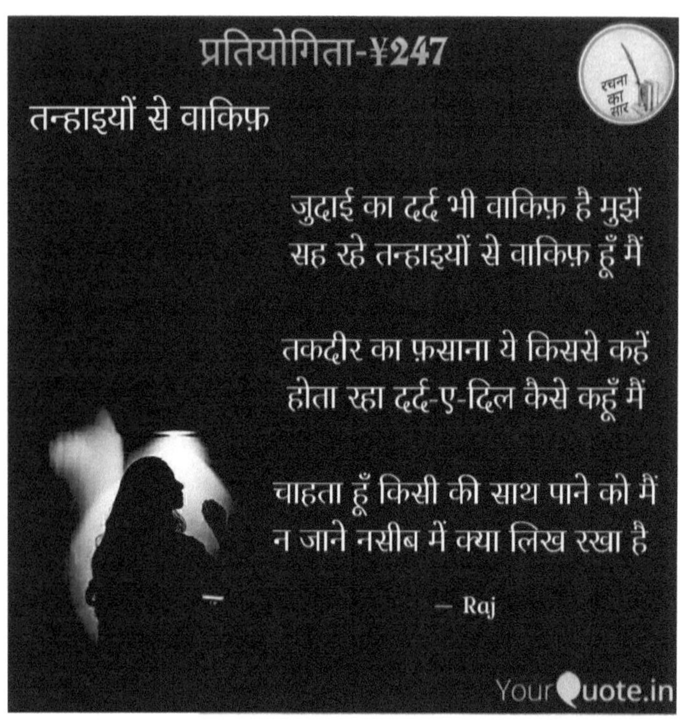

41. तेरे शब्दों में

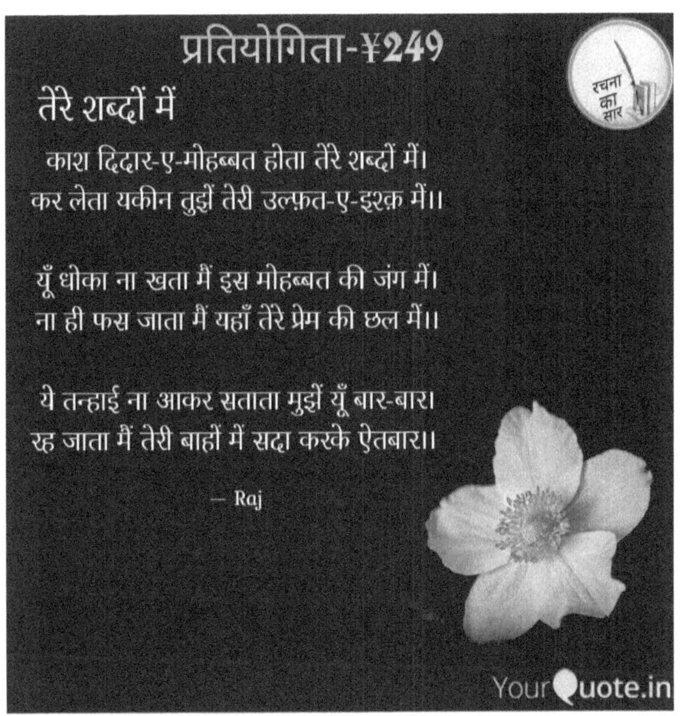

प्रतियोगिता-₹249
तेरे शब्दों में
काश दिदार-ए-मोहब्बत होता तेरे शब्दों में।
कर लेता यकीन तुझें तेरी उल्फ़त-ए-इश्क़ में।।

यूँ धोका ना खता मैं इस मोहब्बत की जंग में।
ना ही फस जाता मैं यहाँ तेरे प्रेम की छल में।।

ये तन्हाई ना आकर सताता मुझें यूँ बार-बारा।
रह जाता मैं तेरी बाहों में सदा करके ऐतबारा।।

— Raj
Your Quote.in

42. कभी लम्हें छुट जाते हैं

कभी लम्हें छूट जाते हैं
कभी मौसम रूठ जाते हैं

जो न होना है हो जाते हैं
मोहब्बत में बर्बाद होते हैं

कुछ लम्हें याद रह जाते हैं
याद कर दर्द यूँ दें जाते हैं

तन्हाई में अक्सर हो जाते हैं
तड़प कर यूँ ही मर जाते हैं

साथी की चाहत बना रहते है
इंतजार में वक़्त गुज़र जाते हैं

बुढ़ापा जल्दी ही आ जाते हैं
ख़्वाहिश सारे ही रह जाते हैं

— Raj

43. कहीं खो जाना है

कहीं खो जाना है

कहीं खो जाना है
दुनिया की भीड़ से
कहीं दूर जाना है
इश्क़ की गली से

अकेला रह जाना है
तन्हाई की माहौल में
जहाँ हमसफ़र न हो
बस शांति की चाह में

— Raj

Rest Zone

44. किस बात का ग़म है

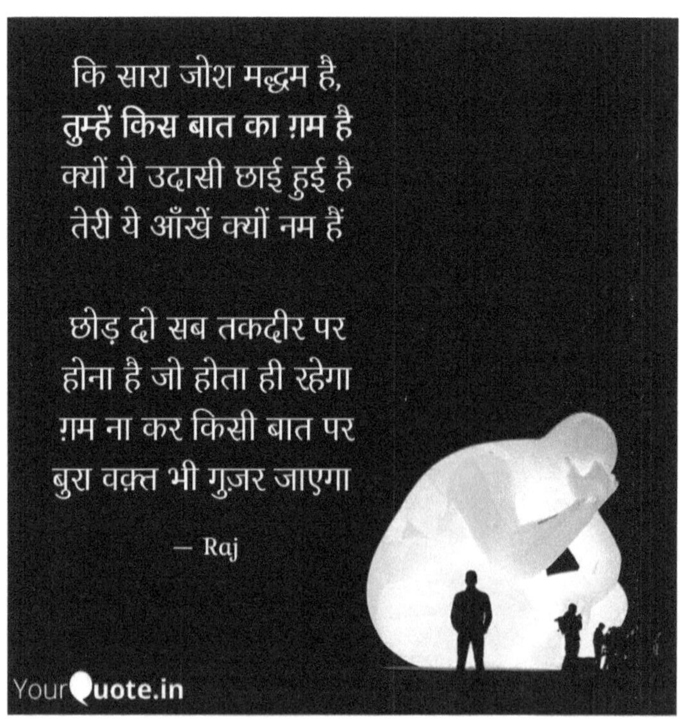

कि सारा जोश मद्धम है,
तुम्हें किस बात का ग़म है
क्यों ये उदासी छाई हुई है
तेरी ये आँखें क्यों नम हैं

छोड़ दो सब तक़दीर पर
होना है जो होता ही रहेगा
ग़म ना कर किसी बात पर
बुरा वक़्त भी गुज़र जाएगा

— Raj

YourQuote.in

45. करता वक़्त जो सितम

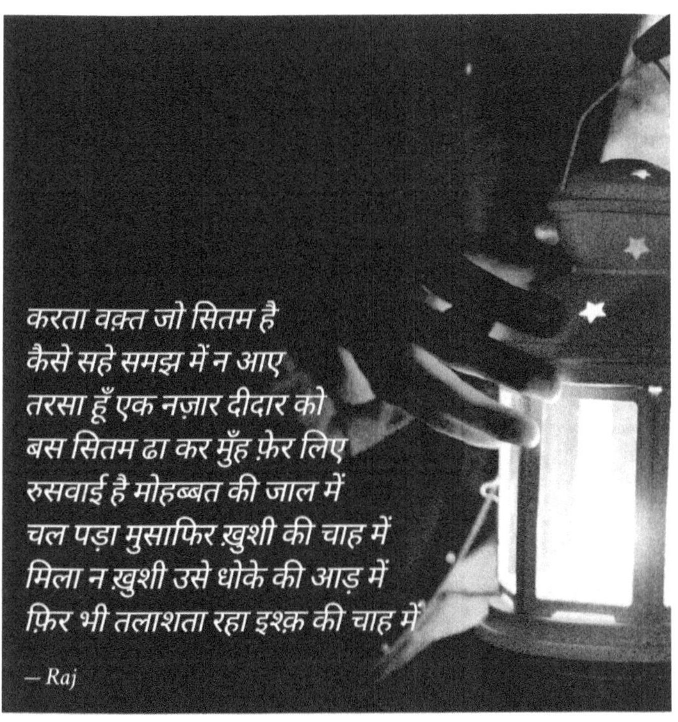

46. मुझसे कहना चाहिए था

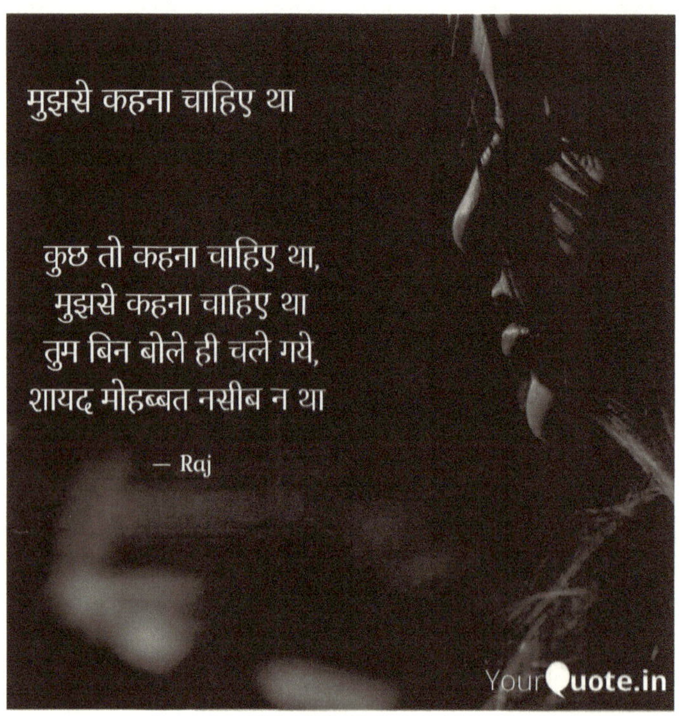

47. कुछ तो खोया है

कुछ तो खोया है

कुछ तो खोया है, कुछ तो पाया है
खोने और पाने में, वक़्त गवाया है

कभी इश्क़ किया है, नफ़रत हुआ है
चलते-चलते जीने का आदत हुआ है

कोई पास आया है, कोई दूर गया है
करते-करते यूँ ही मोहब्बत हो गया है

— Raj

Your Quote.in

48. सबक़ - पाठ

कुदरत से खिलवाड़ कर बहुत जी लिए इन्सान यहाँ
अब बारी कुदरत की है सबको सिखाये सबक़ यहाँ

पेड़ काटे, रास्ता बनाया जहाँ देखो बस ईमारत बनाई
हर जगह निसर्ग ने इन्सान पर बहुत ही शामत लाई

फ़िर भी न सीखा इन्सान यहाँ बस गलतियाँ दौराई
एक दिन ले डूबेगा संसार को जैसे ऐसी क़समें खाई

– Raj

49. पता नहीं

क्या होगा आगे यहाँ
इस बात का पता नहीं
दिनया की इस दौर में
बदलेगा क्या मालूम नहीं

मोहब्बत होगा या नहीं
किसी को ख़बर नहीं
नफ़रत का ज़हर कभी
मिटेगा क्या जानता नहीं

क्या होगा आगे यहाँ
इस बात का पता नहीं....

— Raj

पता नहीं

50. क्या जानते हो

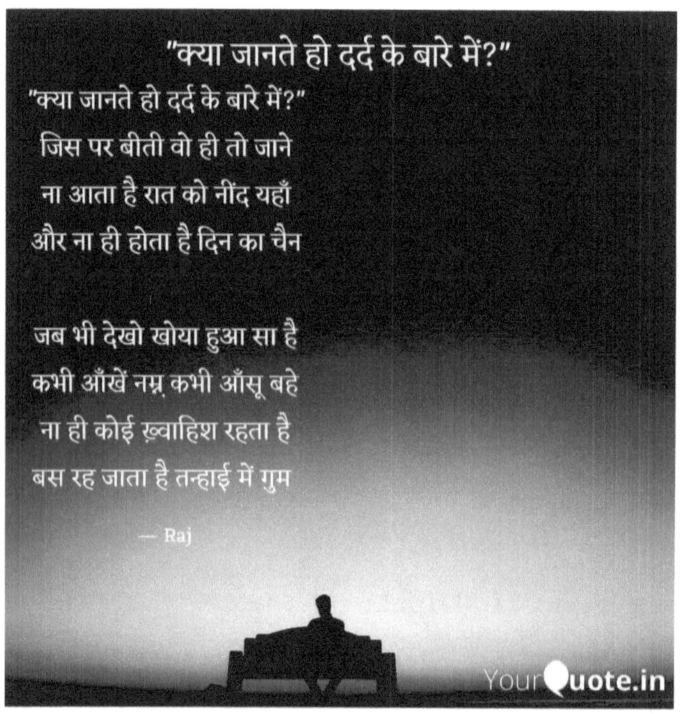

"क्या जानते हो दर्द के बारे में?"
"क्या जानते हो दर्द के बारे में?"
जिस पर बीती वो ही तो जाने
ना आता है रात को नींद यहाँ
और ना ही होता है दिन का चैन

जब भी देखो खोया हुआ सा है
कभी आँखें नम्र कभी आँसू बहे
ना ही कोई ख़्वाहिश रहता है
बस रह जाता है तन्हाई में गुम

— Raj
Your Quote.in

51. लिख रही है चाँदनी

लिख रही है चाँदनी

लिख रही है चाँदनी
तेरी-मेरी प्रेम कहानी
प्रेम कहानी कुछ ऐसी
जो उम्र भर है निभानी

आजाओ तुम पास मेरे
मिलकर देखले चाँदनी
बाते कर लूँ सितारों से
खो जाऊँ तेरे इश्क़ में

— Raj

52. संवाद ज़रूरी है

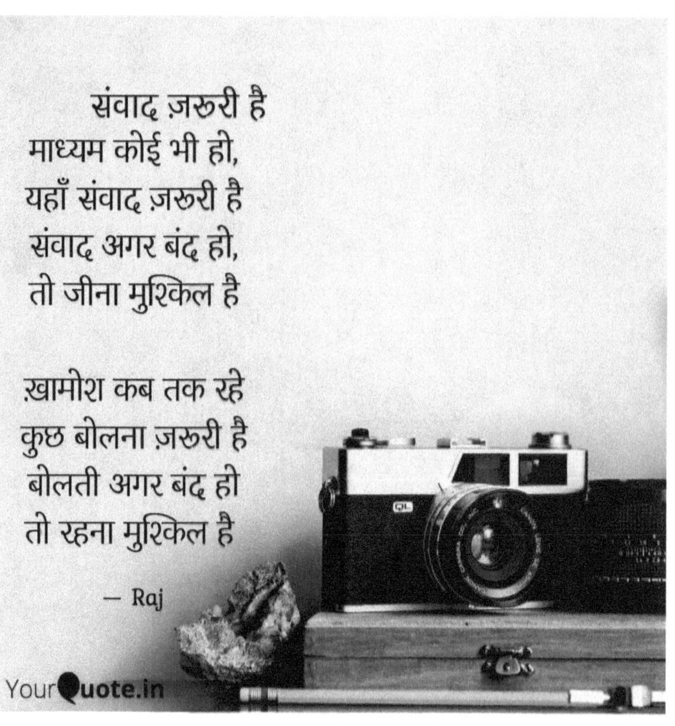

संवाद ज़रूरी है
माध्यम कोई भी हो,
यहाँ संवाद ज़रूरी है
संवाद अगर बंद हो,
तो जीना मुश्किल है

ख़ामोश कब तक रहे
कुछ बोलना ज़रूरी है
बोलती अगर बंद हो
तो रहना मुश्किल है

— Raj

53. मैं अधुरा हूँ

मै अधुरा हूं, तुम मेरी कमी हो

मैं अंधेरा हूँ, तुम मेरी कमी हो
तुम बिन मेरे सांसे सहमी हो
आजाओ ज़िन्दगी में मेरे सनम
फ़िर हो न जाए जेहन में ग़म

करदो उजाला मेरे जीवन में
अंधेरों से अब ऊब गया हूँ मैं
इश्क़ से रोशन हो जाए जीवन
पा लूँ में सारी ख़ुशियाँ सनम

मैं अंधेरा हूँ, तुम मेरी कमी हो
तुम बिन मेरे सांसे सहमी हो...

— Raj

54. मैं शायर तो नहीं

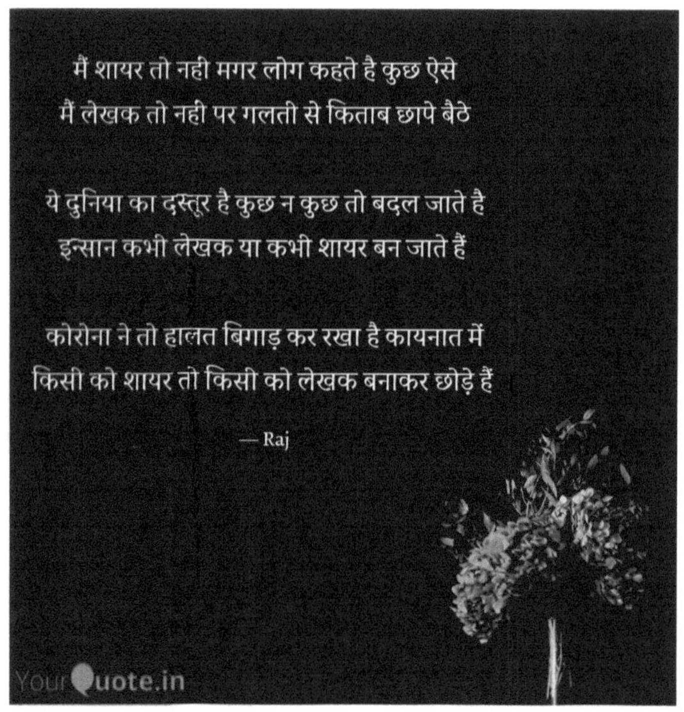

मैं शायर तो नही मगर लोग कहते है कुछ ऐसे
मैं लेखक तो नही पर गलती से किताब छापे बैठे

ये दुनिया का दस्तूर है कुछ न कुछ तो बदल जाते है
इन्सान कभी लेखक या कभी शायर बन जाते हैं

कोरोना ने तो हालत बिगाड़ कर रखा है कायनात में
किसी को शायर तो किसी को लेखक बनाकर छोड़े हैं

— Raj

Your Quote.in

55. मत ढूँढ़ना मुझे

मत ढूँढ़ना मुझे इस जहाँ की तन्हाई में

मत ढूँढ़ना मुझे इस जहाँ की तन्हाई में
खो गया हूँ मैं इस दुनिया की भीड़ में

करके मोहब्बत किसी से संग पाया मैंने
साथ पाकर तन्हाई को दूर कर दिया मैंने

उल्फ़त-ए-इश्क़ में इस क़दर खो गया है
मदहोश है हर पल मोहब्बत की नशे में

उसकी बाहों की गर्मी की आदत पढ़ गया है
अब रह नहीं पाउँगा उसके बिना तन्हाई में

— Raj

56. मुंतज़िर - प्रतीक्षा

57. गिला

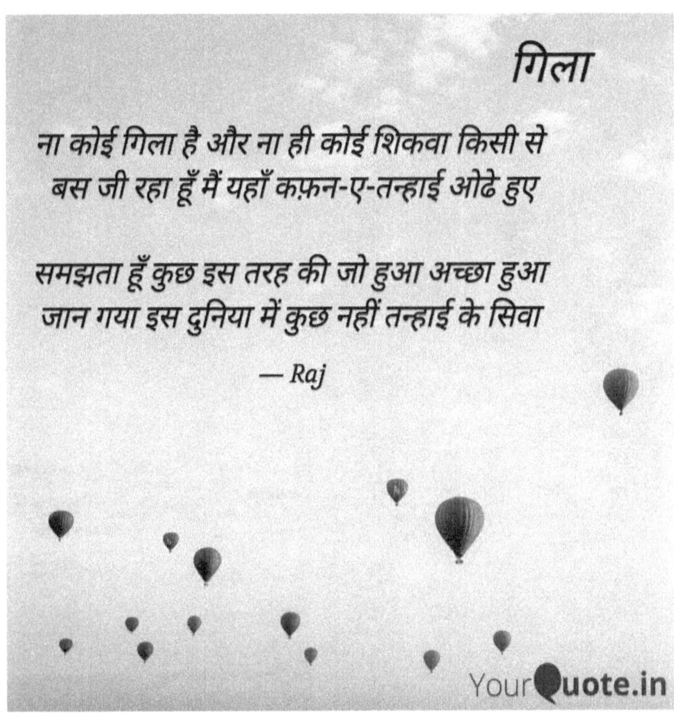

गिला

ना कोई गिला है और ना ही कोई शिकवा किसी से
बस जी रहा हूँ मैं यहाँ कफ़न-ए-तन्हाई ओढे हुए

समझता हूँ कुछ इस तरह की जो हुआ अच्छा हुआ
जान गया इस दुनिया में कुछ नहीं तन्हाई के सिवा

— Raj

58. नाज़ - अभिमान

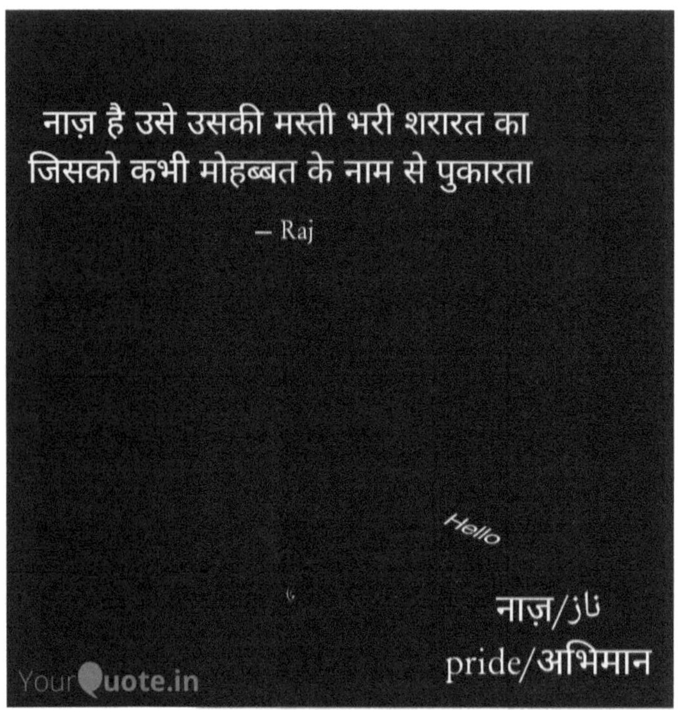
नाज़ है उसे उसकी मस्ती भरी शरारत का
जिसको कभी मोहब्बत के नाम से पुकारता

— Raj

Hello

नाज़/ناز
pride/अभिमान

YourQuote.in

59. नहीं मिलता

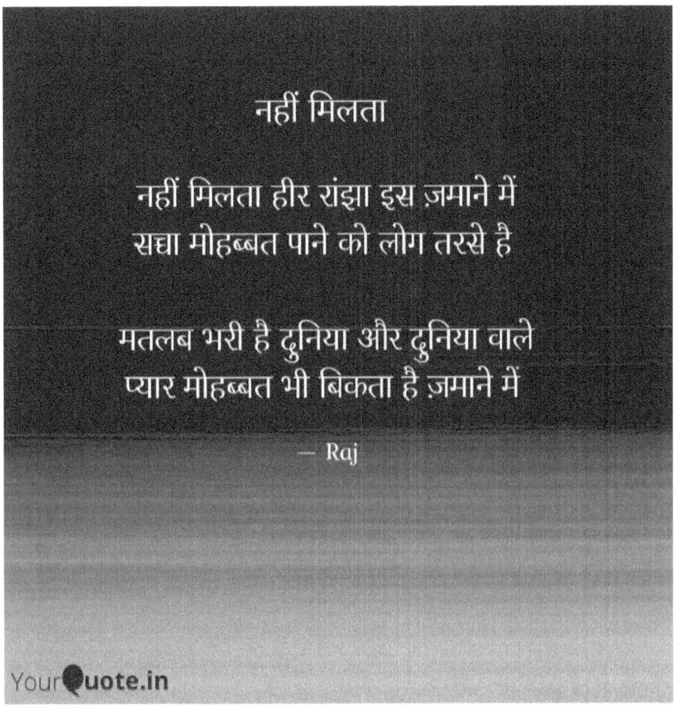

नहीं मिलता

नहीं मिलता हीर रांझा इस ज़माने में
सच्चा मोहब्बत पाने को लोग तरसे है

मतलब भरी है दुनिया और दुनिया वाले
प्यार मोहब्बत भी बिकता है ज़माने में

— Raj

YourQuote.in

60. मरने का सलीक़ा

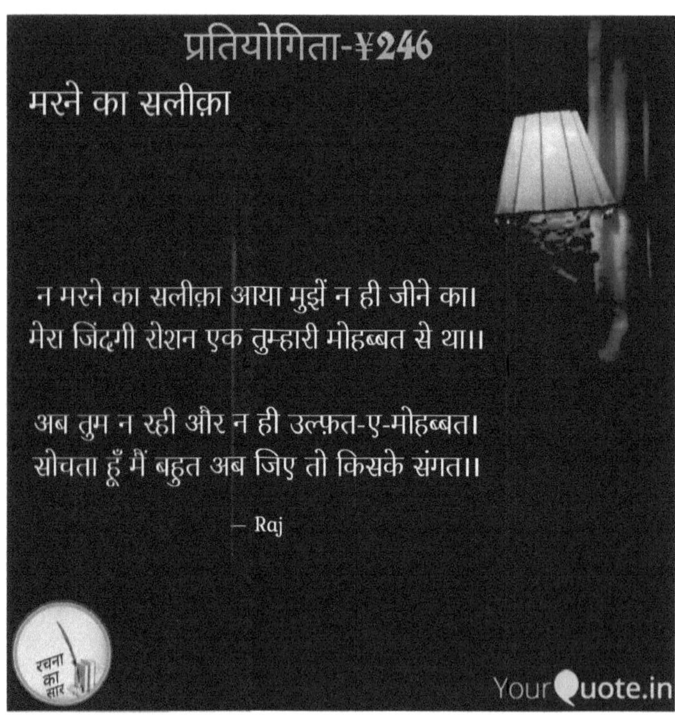

प्रतियोगिता-¥246
मरने का सलीक़ा

न मरने का सलीक़ा आया मुझें न ही जीने का।
मेरा जिंदगी रोशन एक तुम्हारी मोहब्बत से था।।

अब तुम न रही और न ही उल्फ़त-ए-मोहब्बत।
सोचता हूँ मैं बहुत अब जिए तो किसके संगत।।

— Raj

Your Quote.in

61. पानी को बह जाने दो

पानी को बह जाना है,
समय को बह जाना है
सूरज को ढल जाना है
रात को बीत जाना है

जो आज है वो कल नहीं
बुरे वक़्त को बीत जाना है
इन्सान बदलता रहता है
कायनात बदलता रहता है

— Raj

62. पैसों वाली ख़ुशी

पैसों वाली ख़ुशी का क्या भरोसा
वो पल दो पल का ही मेहमान है
जहाँ ये पैसे अगर ख़त्म हो जाए
तो जेब एकदम खाली-खाली हैं

खरीदने चला जो पैसों की दम में
वो ना समझें ये प्रेम की भाषा को
दुनिया में हर वो चीज़ नहीं मिलता
जो ख़रीदा जाए पैसों की दम में

— Raj

63. क्या ढूँढते हो

क्या ढूँढते हो बाज़ारों में
पूछे जो अगर कोई तुमसे,
क्या ढूँढते हो बाज़ारों में
क्या जवाब दोगे उस को
जो सवाल पूछता रहा है

इस नफ़रत की गलियों में
मोहब्बत ढूंढता रहा हूँ मैं
कहीं नज़र नहीं आया मुझें
मतलब भरी इस बाज़ार में

Raj
YourQuote.in

64. रोकने की ज़रूरत नहीं

पूछने की ज़रूरत नहीं,
रोकने की ज़रूरत नहीं
फ़िर जो कुछ होगा वो
सोचने की ज़रूरत नहीं

नफ़रत की ज़रूरत नहीं
यूँ डरने की ज़रूरत नहीं
करता रहे मोहब्बत यहाँ
दिल्लगी की ज़रूरत नहीं

— Raj

65. प्यार वो एहसास है

प्यार वो एहसास है

प्यार वो एहसास है
जिसे कहा नहीं जाता
और जो कहा जाता है
वो प्यार-प्यार नहीं होता

महसूस कर धड़कन को
इश्क़ भुलाया नहीं जाता
सच्चा अगर इश्क़ करो
साथ छोड़ा नहीं जाता

— Raj

66. प्यार वो जादू की छड़ी

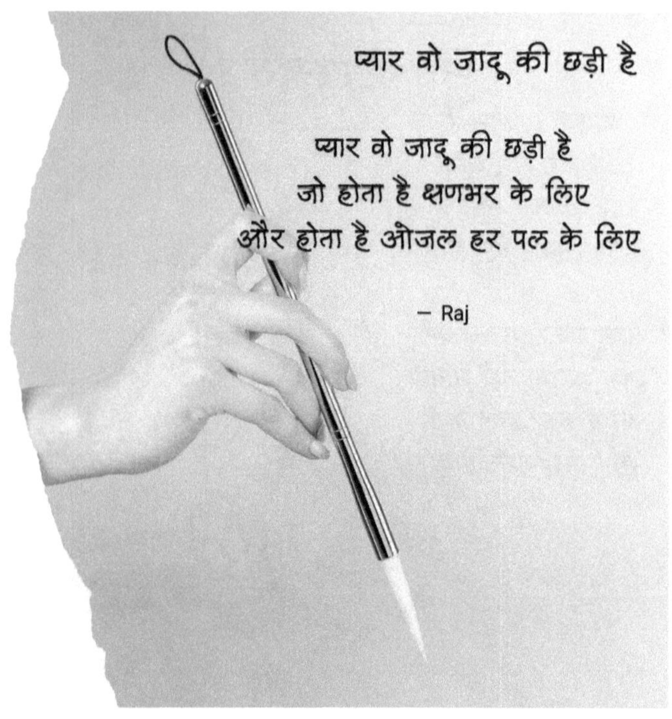

67. तुम बिन जिया जाए

तुम बिन जिया जाए कैसे...

तुम बिन जिया जाए कैसे
उल्फ़त में यूँ मर जाए कैसे

सोचा न था कभी तन्हाई होगी
छोड़कर मुझें यूँ चली जाओगी

आओ पास मेरे यूँ जाओ न तुम
मिलकर निभाएंगे मोहब्बत हम

इश्क़ है तुमसे और करता रहेगा
हम तुम एक नई दुनिया बसाएंगे

©Raj Menon

68. रानी तू मेरी

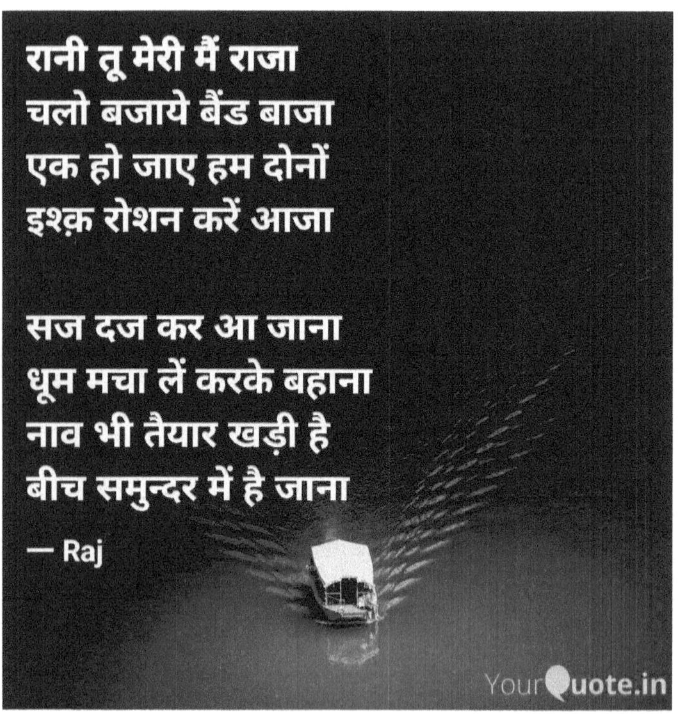

रानी तू मेरी मैं राजा
चलो बजाये बैंड बाजा
एक हो जाए हम दोनों
इश्क़ रोशन करें आजा

सज दज कर आ जाना
धूम मचा लें करके बहाना
नाव भी तैयार खड़ी है
बीच समुन्दर में है जाना

— Raj

69. रात वो कविता है

रात वो कविता है

रात वो कविता है
जिसे कोई न समझ पाया
रात के अंधेरों में
कहीं ज़िन्दगी यूँ खो गया

पता जब भी चला
बहुत देर हो ही चुकी थी
संवरने का वक़्त
किसी को मिल न पाया

— Raj

70. ज़ंजीर

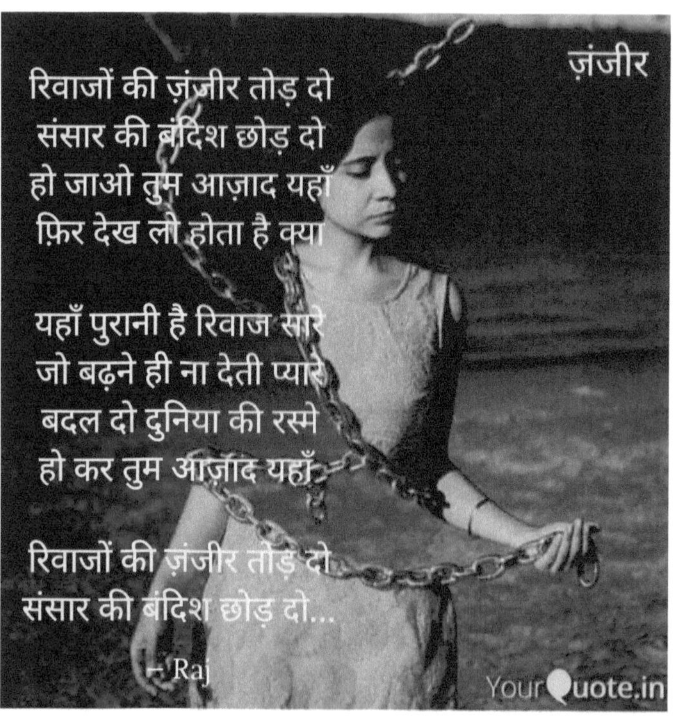

ज़ंजीर
रिवाजों की ज़ंज़ीर तोड़ दो
संसार की बंदिश छोड़ दो
हो जाओ तुम आज़ाद यहाँ
फ़िर देख लो होता है क्या

यहाँ पुरानी है रिवाज सारे
जो बढ़ने ही ना देती प्यारे
बदल दो दुनिया की रस्मे
हो कर तुम आज़ाद यहाँ

रिवाजों की ज़ंज़ीर तोड़ दो
संसार की बंदिश छोड़ दो...

— Raj
YourQuote.in

71. सारी उम्र आँखों में

सारी उम्र आँखों में एक सपना याद रहा

सारी उम्र आँखों में एक सपना याद रहा
किसी रोज़ इस दुनिया में कोई अपना रहा

याद कर उसको मेरा दिल यूँ तड़पता रहा
क्या करें वो मुझसे दूर होकर जाता ही रहा

— Raj

72. सच्चा इश्क़ दिल से

73. किससे उम्मीद करूँ

किससे उम्मीद करूँ
सच्चा इश्क़ पाने की मैं
किससे उम्मीद करूँ यहाँ
फ़रेब से भरी इस दुनिया में
सच्चा आशिक मिलता कहाँ

मतलब से भरी है लोग ये
पैसे बिना प्रेम होता है क्या
जेब में तेरे अगर पैसे न हो
मोहब्बत यहाँ मिलता कहाँ

गाड़ी, बंगल, धन और दौलत
न हो अगर साथी मिलता कहाँ
मोहब्बत करने से पहले यारो
अपने आप को देख लो ज़रा

— Raj

74. सच्चा साथी मिला न कोई

75. सिफ़र - शुन्य

सफ़र-ए-ज़िन्दगी सिफ़र से सुरु हुई
आगे चलते-चलते पहुंचा फ़िर वहीं

मेहनत करते रहो जितना भी जी चाहे
गुम फ़िर कर वापस शुरुआत पर आए

आए थे कायनात में खाली हाथ लेकर
जाएंगे यहाँ से न कफ़न में जेब लेकर

सिफ़र है ज़िन्दगी यहाँ सिफ़र ही रहेगा
सिफ़र से ही बनता है ये कायनात तेरा

— Raj

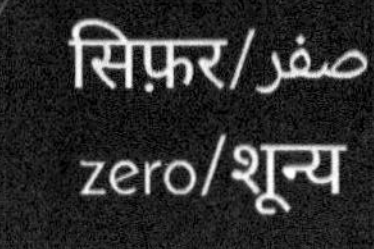

76. शजर - पेड़

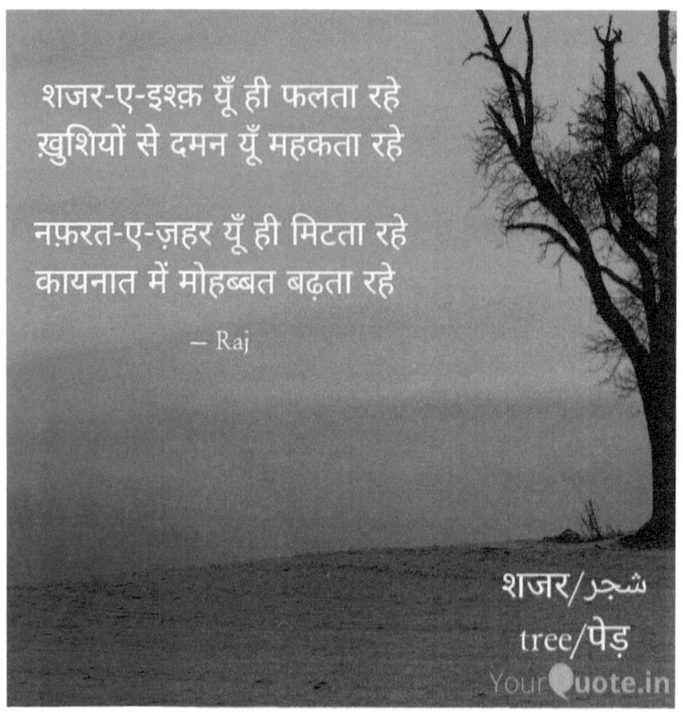

शजर-ए-इश्क़ यूँ ही फलता रहे
ख़ुशियों से दमन यूँ महकता रहे

नफ़रत-ए-ज़हर यूँ ही मिटता रहे
कायनात में मोहब्बत बढ़ता रहे

— Raj

शजर/شجر
tree/पेड़
YourQuote.in

77. स्त्री का चरित्र

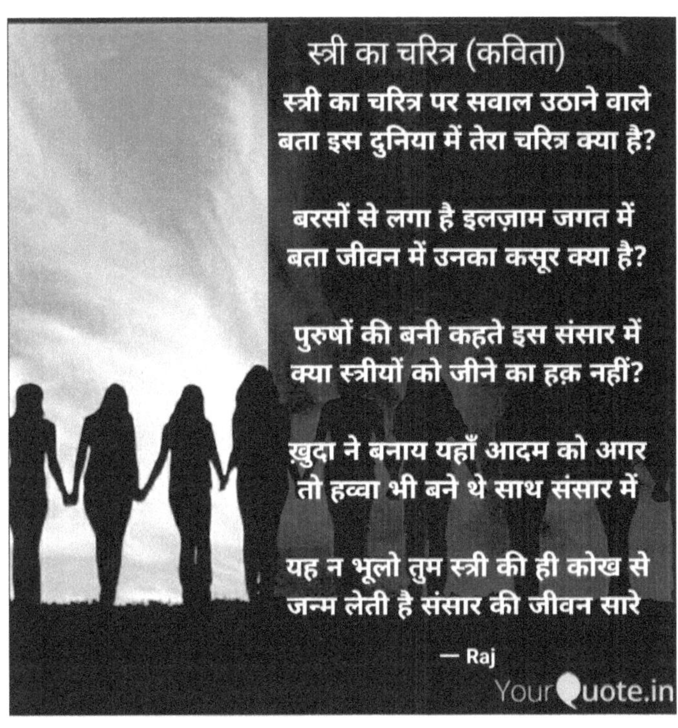

स्त्री का चरित्र (कविता)
स्त्री का चरित्र पर सवाल उठाने वाले
बता इस दुनिया में तेरा चरित्र क्या है?

बरसों से लगा है इलज़ाम जगत में
बता जीवन में उनका कसूर क्या है?

पुरुषों की बनी कहते इस संसार में
क्या स्त्रीयों को जीने का हक़ नहीं?

ख़ुदा ने बनाय यहाँ आदम को अगर
तो हव्वा भी बने थे साथ संसार में

यह न भूलो तुम स्त्री की ही कोख से
जन्म लेती है संसार की जीवन सारे

— Raj
Your Quote.in

78. सुकून

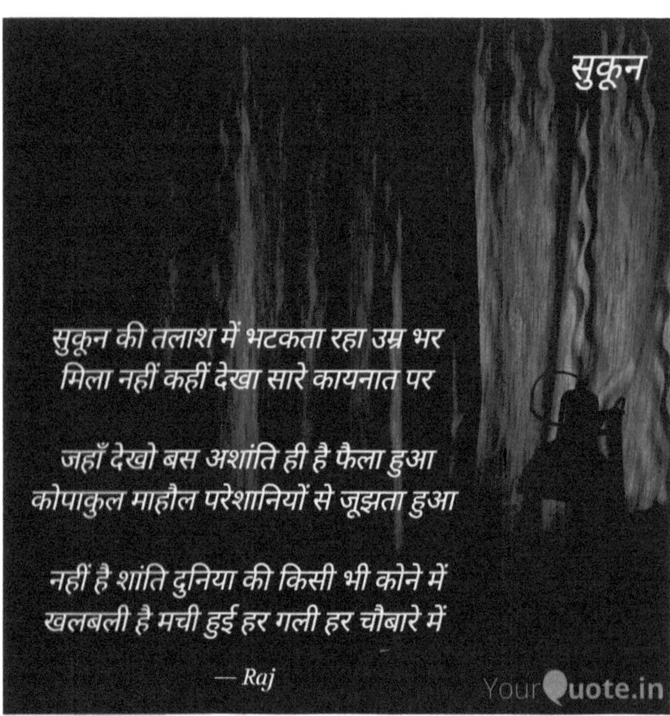
सुकून

सुकून की तलाश में भटकता रहा उम्र भर
मिला नहीं कहीं देखा सारे कायनात पर

जहाँ देखो बस अशांति ही है फैला हुआ
कोपाकुल माहौल परेशानियों से जूझता हुआ

नहीं है शांति दुनिया की किसी भी कोने में
खलबली है मची हुई हर गली हर चौबारे में

— Raj

YourQuote.in

79. तेरा चेहरा तेरे दिल

80. तेरे सीने में रह कर

तेरे सीने में रह कर तेरे लिए धड़कना चाहता है

तेरे पास आ कर मैं तेरे दिल में रहना चाहता है
तेरे सीने में रह कर तेरे लिए धड़कना चाहता है
इश्क़ करता है तुमसे, इश्क़ करता ही रहूंगा मैं
मोहबत में तेरे हर हद को पार कर जाऊँगा मैं

— Raj

81. थोड़ी सी रोशनी

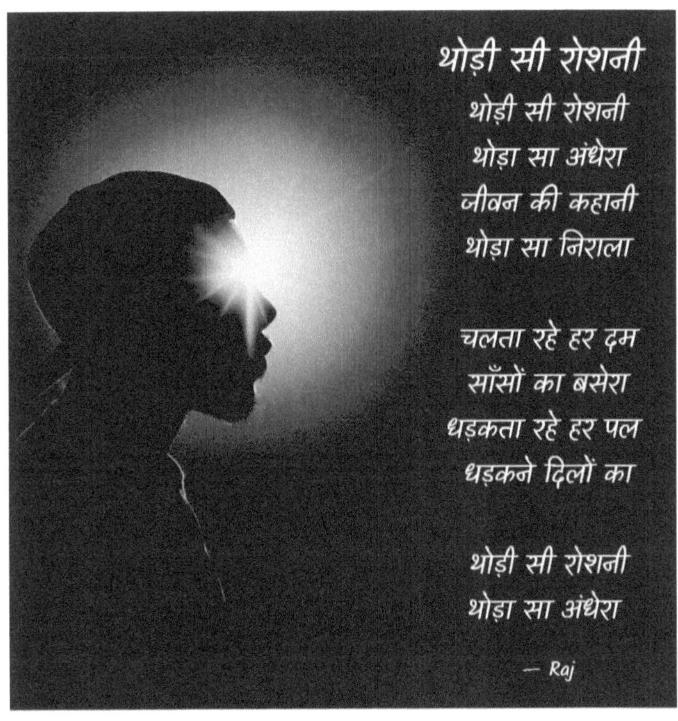

थोड़ी सी रोशनी
थोड़ी सी रोशनी
थोड़ा सा अंधेरा
जीवन की कहानी
थोड़ा सा निराला

चलता रहे हर दम
साँसों का बसेरा
धड़कता रहे हर पल
धड़कने दिलों का

थोड़ी सी रोशनी
थोड़ा सा अंधेरा

— Raj

82. तेरा साथ है

"तेरा साथ है"

तन्हा सी ज़िन्दगी में बस तेरा साथ है
मेरी इन ख़ुशियों में बस तेरा ही हाथ है

तुम न होता तो क्या होता ज़िन्दगी मेरी
तड़पता रहता किसी की साथ पाने को

आए हो मेरी ज़िन्दगी में तुम बहार बनकर
बस ख़ुश हूँ मैं यहाँ तेरा ही प्यार पाकर

— Raj

YourQuote.in

83. रास्ता बन जाएगा

तुम क़दम तो बढ़ाओ
रास्ता बन जाएगा
तुम हाथ तो बढ़ाओ
थामने वाला आएगा

रास्ता ग़र मुश्किल हो
हौसला बुलंद कर लेना
हर मुश्किल को पार कर
मंज़िल अपनी पा लेना

— Raj

84. तू ही मेरा प्यार है

तू ही मेरा प्यार है

तू ही मेरा प्यार है
तू ही मेरा दिलदार है
बाकी सब अनजान है
दो पल का मेहमान है

तुमको ही मैं चाहता रहूँ
हर पल तुझें याद मैं करूँ
लाज रखना मेरा ये आबरू
अब न करना लड़ना शुरू

— Raj

YourQuote.in

85. अहम को मिटा दो

अहम को मिटा दे

तू ख़ुद को बचा ले,
अहम को मिटा दे
अहम से न बानी है
ये किस्मत किसी के

अहम किस बात का
एक दिन जाना तो है
मिट्टी का बना जिस्म है
मिट्टी में मिल जाना है

— Raj

86. उम्मीद की धूप

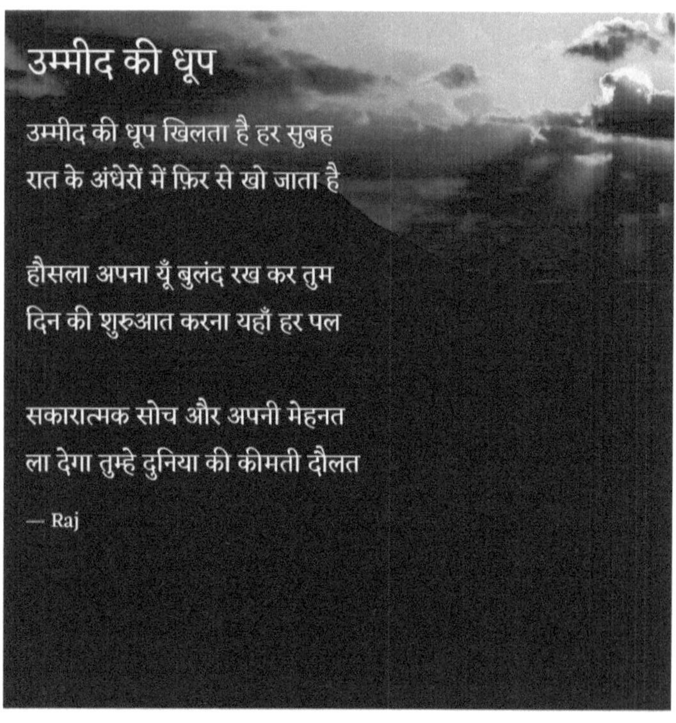

उम्मीद की धूप

उम्मीद की धूप खिलता है हर सुबह
रात के अंधेरों में फ़िर से खो जाता है

हौसला अपना यूँ बुलंद रख कर तुम
दिन की शुरुआत करना यहाँ हर पल

सकारात्मक सोच और अपनी मेहनत
ला देगा तुम्हे दुनिया की कीमती दौलत

— Raj

87. विश्वास वो दीपक है

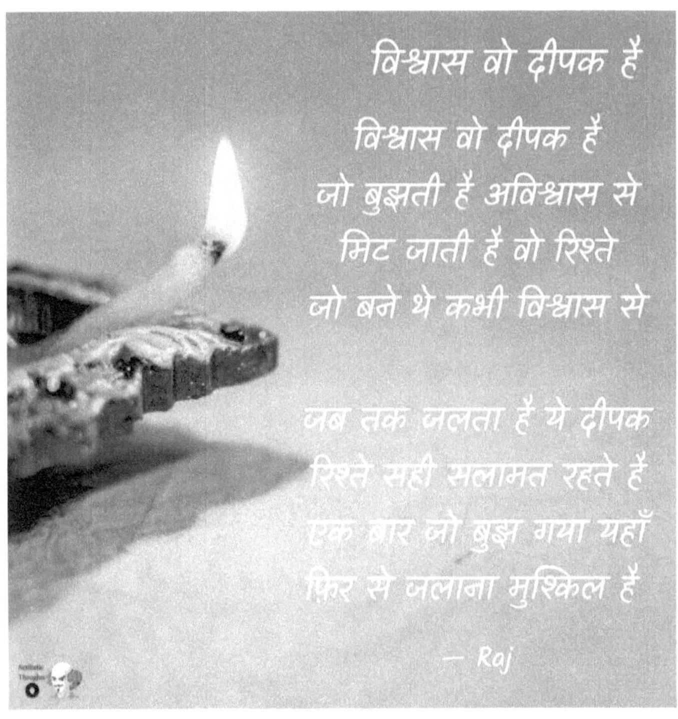

88. यादों के पन्ने

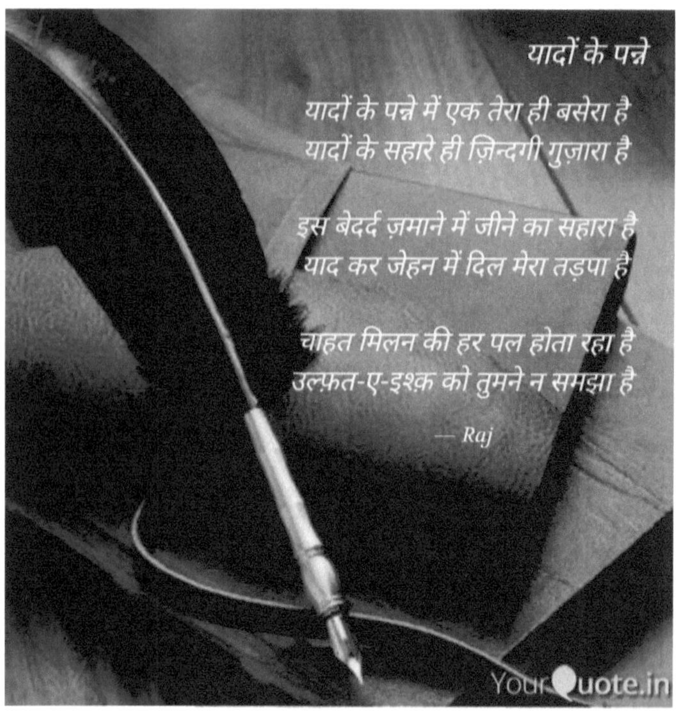

यादों के पन्ने

यादों के पन्ने में एक तेरा ही बसेरा है
यादों के सहारे ही ज़िन्दगी गुज़ारा है

इस बेदर्द ज़माने में जीने का सहारा है
याद कर जेहन में दिल मेरा तड़पा है

चाहत मिलन की हर पल होता रहा है
उल्फत-ए-इश्क़ को तुमने न समझा है

— Raj

89. यादों के पन्नों में

Rest Zone

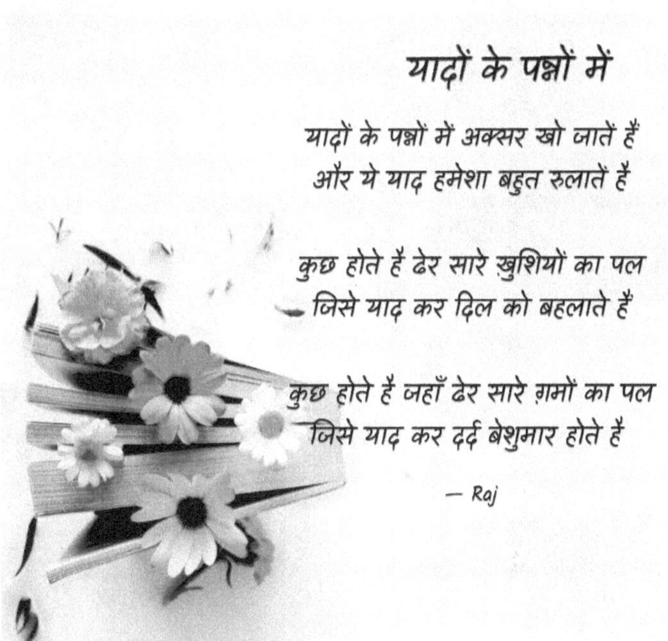

यादों के पन्नों में

यादों के पन्नों में अक्सर खो जातें हैं
और ये याद हमेशा बहुत रुलातें हैं

कुछ होते हैं ढेर सारे ख़ुशियों का पल
जिसे याद कर दिल को बहलाते हैं

कुछ होते हैं जहाँ ढेर सारे ग़मों का पल
जिसे याद कर दर्द बेशुमार होते हैं

— Raj

90. दिल की बात दिल ही जाने

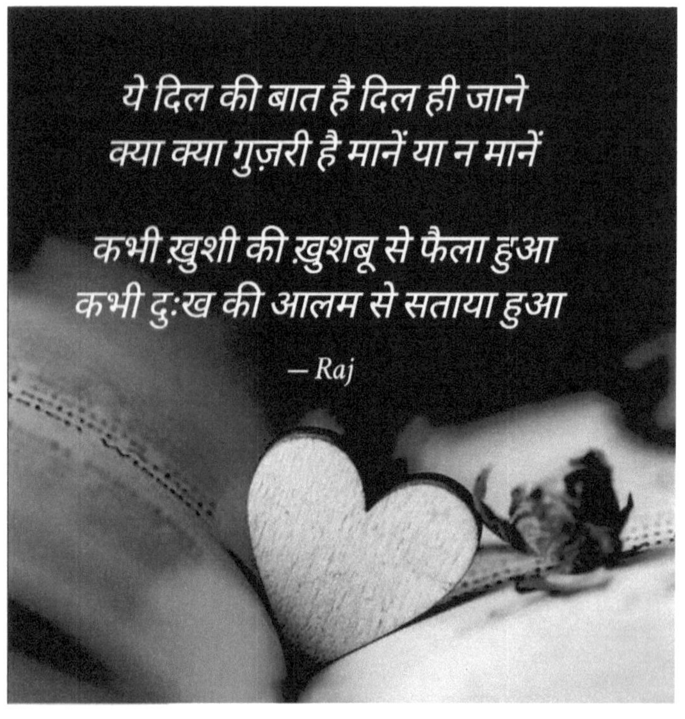

91. ये झुकी झुकी नज़रें

ये झुकी झुकी नज़रें तेरी क्या कह रही है?
ये होंठ नक़ाब के पीछे क्या छुपा रही है?

चेहरा तेरी यूँ ही मोहब्बत से झलक रही है
लाख छुपाओ तुम गुलाब सी महक रही है

— Raj

92. किस बात का गिला है

ये कैसा सिलसिला है,
किस बात का गिला है
दुनिया चाहे कुछ भी कहे
मैं सिर्फ तुमसे मिला है

कोई और नहीं जीवन में
तेरे सिवा न मैं हिला है
मोहब्बत है जी जान से
फ़िर कैसा ये सिला है

— Raj

93. अन्धविश्वास (लघुकथा)

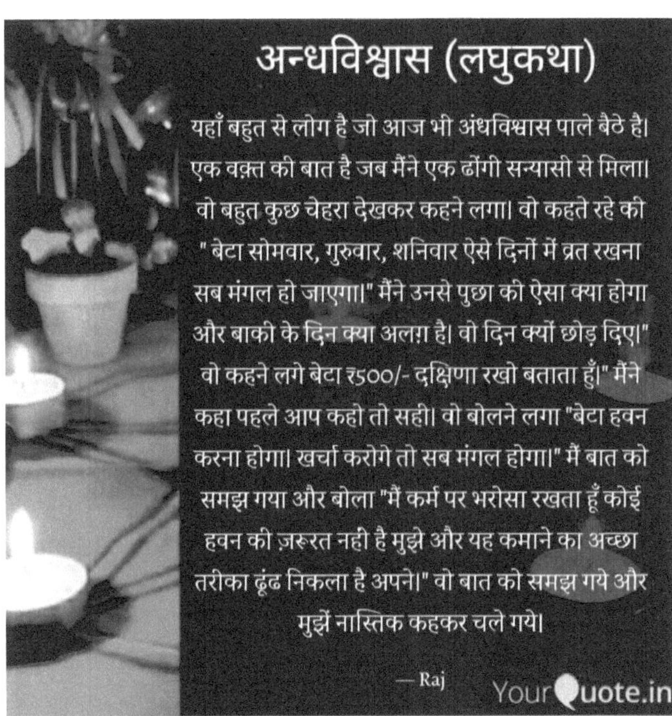

94. दूसरा मौका

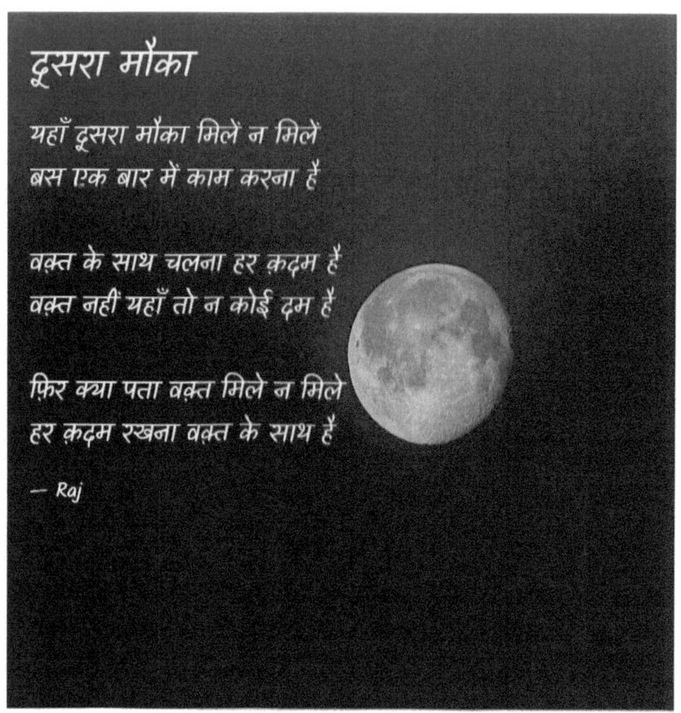

दूसरा मौका

यहाँ दूसरा मौका मिले न मिले
बस एक बार में काम करना है

वक़्त के साथ चलना हर क़दम है
वक़्त नहीं यहाँ तो न कोई दम है

फिर क्या पता वक़्त मिले न मिले
हर क़दम रखना वक़्त के साथ है

— Raj

95. प्यार का पौधा लगाना

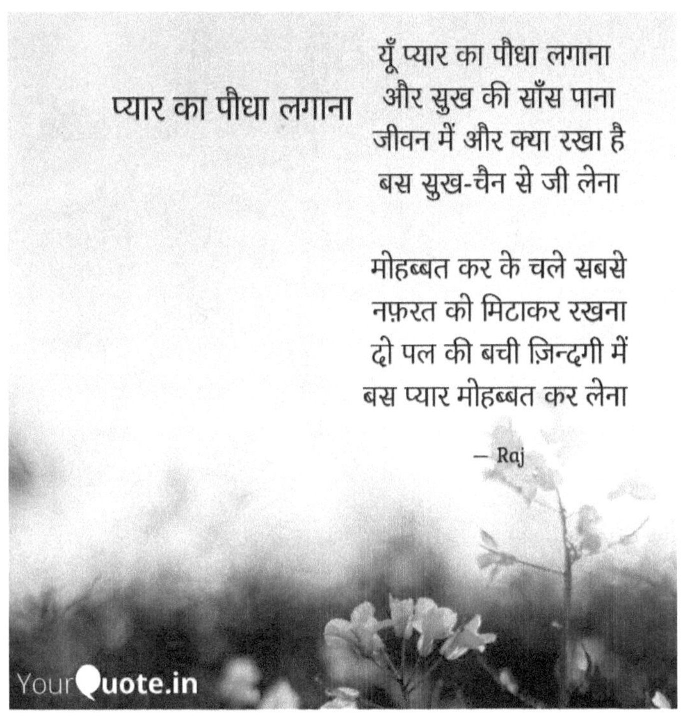

96. यूँ सोच सोच कर

यूँ सोच सोच कर क्यों परेशान हो तुम
जो करना है करके गुज़र जाओ तुम

यह ज़माना ही ठीक नहीं है जानम
संभलते संभलते संभल जाओ सनम

— Raj

97. जब प्यार भरा एहसास हो

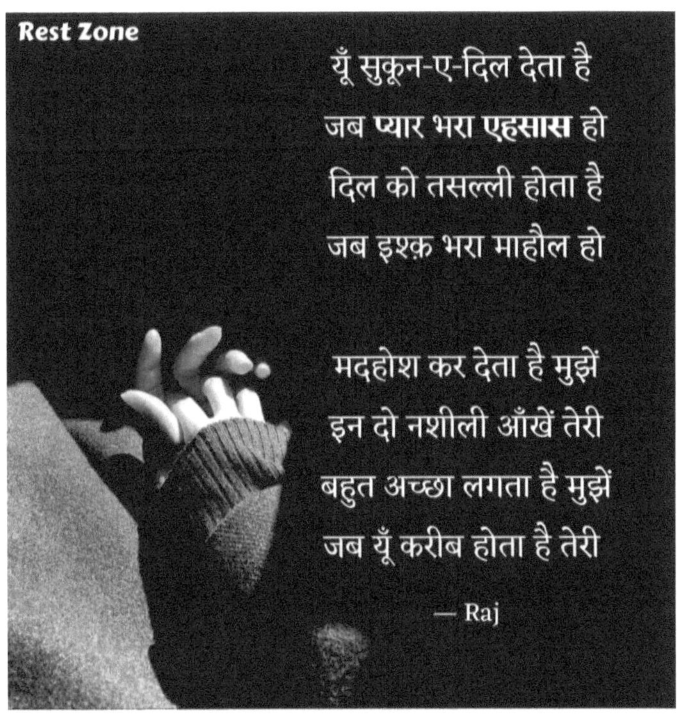

98. सब्र किया मैंने

सब्र किया मैंने

ज़हर पिया मैंने, सब्र किया मैंने
जब मरने की नौबत आ गई
तो यूँ हँसकर मर लिया मैंने

यूँ कुर्बान हुआ तेरे इश्क़ में
जीकर भी जी नहीं पाया मैं
हर ज़ख्म को सीने में सहकर
यूँ मुस्कुराकर जी लिया मैंने

— Raj

99. ज़िन्दगी के समुंदर में

ज़रा ज़िन्दगी के समुंदर में उतरी

ज़रा ज़िन्दगी के समुंदर में उतरी,
देखो कहाँ तक समुंदर है फैला
थोड़ा सा डुबकी लगा कर तैरी,
देखो कहाँ तक तैरकी ले गया

मज़ा आएगा ये ज़िन्दगी तुमको,
देखो कहाँ तक मौज है फैला
खतरा है बहुत इन खतरों से खेलो,
देखो कहाँ तक जलभ्रम है फैला

— Raj

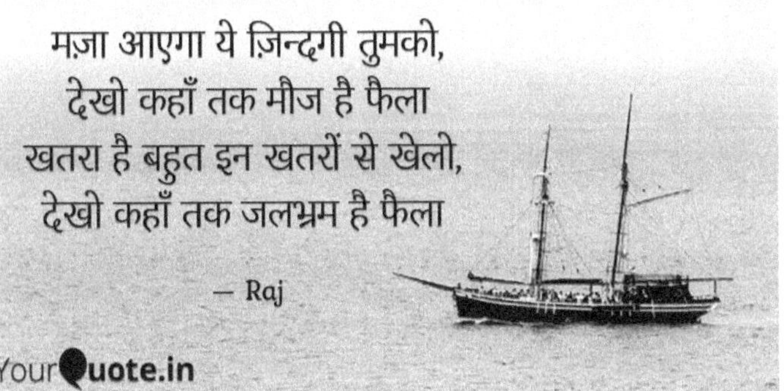

100. ज़ंज़िरों में झकड़ कर

अस्वीकरण

सभी रचनाएँ कल्पना पर आधारित हैं। इसका लेखक के जीवन या ब्रह्मांड में किसी से कोई लेना-देना नहीं है। सभी लेख काल्पनिक हैं और किसी जीवित या मृत व्यक्ति से कोई समानता नहीं है। यदि कोई समानता है तो यह मात्र संयोग है।

लेखक की जीवनी

श्री के.सी. श्रीराज मेनन, जिनका जन्म केरल के एक संपन्न परिवार में 09 सितंबर 1973 को श्री कोझीपुरथ संकुन्नी मेनन और श्रीमती किज़हारा चालापुरथ सेथुलक्ष्मी मेनन के घर हुआ और महाराष्ट्र में अधिवासित हैं। वह बचपन से ही तेज-तर्रार शायरी करते थे, कहते और भूल जाते थे। एक बार उनके एक करीबी दोस्त ने इस पर गौर किया और उन्हें जो भी कविताएँ या उद्धरण कहते थे, उन्हें लिखने के लिए मजबूर किया और तब से उन्होंने लिखना शुरू कर दिया। उन्होंने अपनी कविताओं और उद्धरणों को अपने और अपने करीबी दोस्तों के पास तब तक सीमित रखा जब तक उन्हें अपने कामों को ऑनलाइन लिखने के लिए एक मंच नहीं मिला। वह Your Quote साइट पर एक सक्रिय लेखक हैं और उन्हें प्रतियोगिता के लिए कई प्रशंसापत्र और प्रमाणपत्र प्राप्त हुए हैं। वह एक बहुभाषी लेखक हैं और उनका लेखन विस्मयकारी है। चाहे वह अंग्रेजी, हिंदी, उर्दू, मलयालम और मराठी हो, वह सभी भाषाओं में उत्कृष्ट है। वह कई दिलचस्प लेखकों के लिए एक बड़ी प्रेरणा भी हैं। वह मुंबई विश्वविद्यालय से स्नातक हैं। वह एक एकाउंटेंट हैं और एक स्व-शिक्षित कंप्यूटर इंजीनियर भी हैं। उनके कौशल शीर्ष पायदान पर हैं और उनके पास कई प्रमाणपत्र हैं। अभिनय, लेखन, पेंटिंग और नृत्य और संगीत सुनना आदि... आदि उनके जुनून हैं।

Mail Id:- shreeraj_m@yahoo.co.uk

www.ingramcontent.com/pod-product-compliance
Lightning Source LLC
Chambersburg PA
CBHW032020140726
47988CB00017BA/895